＼基礎からていねいにおさらい／

大人のバレエ

ステップアップのポイント
50

スターダンサーズ・バレエ団
厚木 彩 監修

メイツ出版

はじめに

バレエは、体がやわらかくないとできない、子供の頃に始めなくてはいけないなど制限の多いものに思われがちです。しかし、そんなことよりも、まずは音楽に合わせて体を動かしてみて下さい。

大人になってから始められた方も、子供の頃に習っていた方も、踊る楽しさを感じて頂けるはずです。

さらにこの本を使って、パのやり方やニュアンスなどを知って頂くことで、レッスンがより楽しく、充実したものになることを願っております。

監修　厚木彩

厚木彩（あつぎあや）

スターダンサーズバレエスクール、松山バレエ学校中等科・高等科を経て松山バレエ団に参加。母、厚木明枝、早川恵美子・博子両氏等に師事。1999年から2014年までスターダンサーズ・バレエ団の全公演に参加、ソリストとして活躍。現在は、スタジオA厚木明枝バレエ教室、NOAバレエスクール、スターダンサーズバレエスクールなどで指導にあたっている。

この本の使い方

この本は、バレエの上達のポイントをパ（バレエの動き）、エクササイズごとに提案した本です。

基本的に見開きで1つのパのポイントを紹介しています。

自分の苦手とする動きや、習得したい部分を選んで読み進めることもできます。

また、そのポイントを素早く習得するため、さらに細かく、写真と文章で説明しています。

みなさんの上達のために、ぜひ参考になさってください。

タイトル

タイトルには、このページの一番大切なポイントが記載されています。常に念頭に入れて動きましょう。

POINT 20

両足プリエから床を押し、すばやく片足ルルヴェ

ルルヴェ（ルティレ）

足のポジション ◆ 5番からスタート

ルルヴェ　ルティレは、ピルエットなどの回転のパでも使う、大切なパです。バランスをとり長くルティレが保てるよう、正しい姿勢を心がけましょう。
ヒザは横に
カカトは前に
CHECK POINT
①プリエでしっかりと床を押して、すばやく片足ルルヴェに立つ
②ルティレをする足（動作足）は、ツマ先で軸足を伝ってあげる
③ルティレのツマ先は、ヒザ前につける（後ろはヒザ裏）

床をしっかり押してパッと立つ

ルティレとは、片足のヒザを曲げて、ツマ先を軸となる足のヒザ辺りにつけたポジション、ポーズを指します。「パッセポジション」とも呼ばれます。

ルルヴェは、足の裏全体を床につけた状態から、ドゥミ・ポアント（またはポアント）になるようにカカトを持ちあげることです。

ここでは、両足5番プリエから軸足はルルヴェし、動作足をルティレの形にする動きを紹介します。

動作足は、一気にヒザに移動させるのではなく、ツマ先で軸足を伝ってあげてきます。

軸足は、素早くドゥミ・ポアントになりましょう。

ルティレのツマ先は、前はヒザの前、後ろはヒザの後ろにつけます。

68

本文

パの動きの説明、どうすればより美しくみえるか等、概要を説明しています

CHECK POINT
そのパ、動きの上で、もっとも重要だと思われるポイントを3つ記載します。

part 3
センターレッスンの動きを覚えよう
足のポジション●5番からスタート
CHECK POINT ③
ルティレのツマ先は前へ
右足前5番で、ドゥミ・プリエをする。右手はアン・ナヴァン、もう一方はア・ラ・スゴンド。
すばやく左足でルルヴェし、右足はルティレ。ルティレする足は、軸足を伝ってあげよう。
足を前におろし、同時に軸足もルルヴェからおりて、両足ドゥミ・プリエに。
横から
一直線に
ルティレにルルヴェした場合は、床との接地面が小さくなりバランスがとりにくい。頭のてっぺんで天井を押しあげるような感覚で、上へと意識し、お腹が前へ出たり、お尻が後ろにつきでたりしないよう、注意したい。写真のように、一直線になっている形がキレイな姿勢だ。
CHECK POINT ①〜②
しっかり押す
すばやくルルヴェに立ち、ルティレへ
床をしっかりと押して、すばやく軸足はルルヴェになることがポイント。それと同時に、動作足のツマ先は軸足を伝ってあげて、ルティレになる。軸足が伸びたときにはルティレが完成している。
69

横から
横から見た写真を掲載し、別角度からの見え方を紹介します。

ココに注意
初心者がとくになりやすい問題点や間違いを写真を使って説明します。

ワンランクアップ
タイトル、CHECK POINTと連動して、ポイントをつかみやすいよう、写真を使って詳しく説明します。

目次

※本書は2011年発行の『華麗に魅せる！大人のバレエ ステップアップのポイント50』を元に加筆・修正を行っています。

part 1

基本を見直してレベルアップしましょう

手足のポジションや位置は、バレエを習う上でまず始めに覚えておきたいもの。
理解度が深まり、よりレッスンに集中できます。
ぜひとも、覚えておき、お教室の先生の言葉を瞬時に理解できるようにしたいものです。

POINT 01

足の裏の3点に均等に体重をかけて立つ

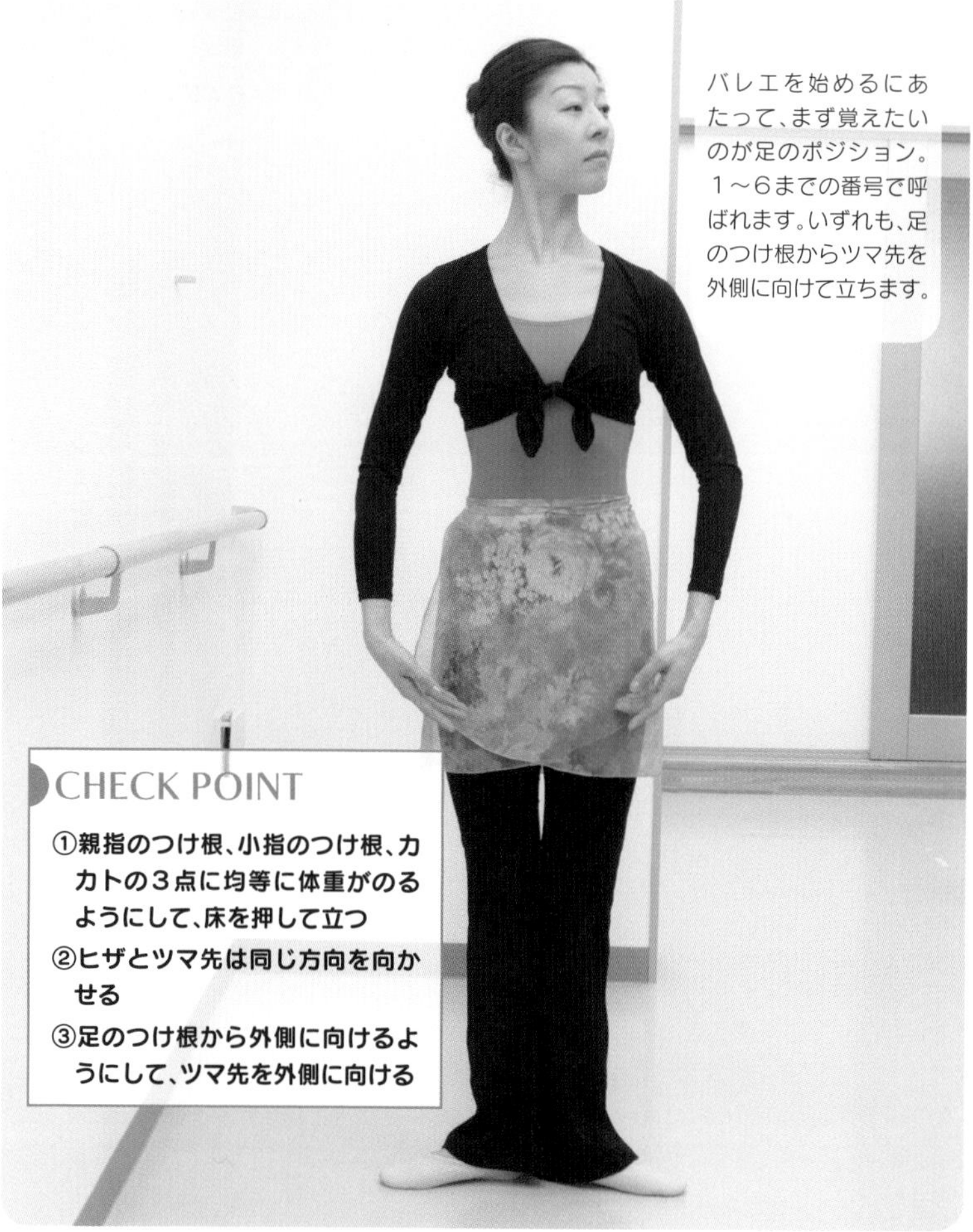

バレエを始めるにあたって、まず覚えたいのが足のポジション。1～6までの番号で呼ばれます。いずれも、足のつけ根からツマ先を外側に向けて立ちます。

CHECK POINT

①親指のつけ根、小指のつけ根、カカトの3点に均等に体重がのるようにして、床を押して立つ

②ヒザとツマ先は同じ方向を向かせる

③足のつけ根から外側に向けるようにして、ツマ先を外側に向ける

体重は足の裏全体にかけて立つこと

バレエには、独特な足のポジションがあり、バレエの動き（パ）はすべてこのいずれかのポジションから始まっています。足のポジションは、全部で6つあります。いずれも、足の親指のつけ根、小指のつけ根、カカトの3点に均等に体重がかかるようにして床を押して立ちます。

足は180度開くことが望ましいのですが、最初から開くことは難しいので、無理をしないようにしましょう。足の付け根から外側に向ける（アン・ドゥオール）ようにつねに意識しながら、ヒザとツマ先を同じ方向に向けます。上体は、背骨が天井からぶらさがっているイメージを持って、肩や胸に力をいれずに立ち、腹筋でしっかり支えましょう。

CHECK POINTを確認！

親指のつけ根、小指のつけ根、カカトの３点に体重を乗せて立つ。足のつけ根から足を外側に向けるように意識して、ツマ先をヒザと同じ方向へ向ける。

４　番

３番、または５番の足から、１足分ほど前の足を出したポジション。重心は両足の真ん中にくるようにする。小指側が床から離れやすいため、足裏全体で床を押すように立つことも意識すること。

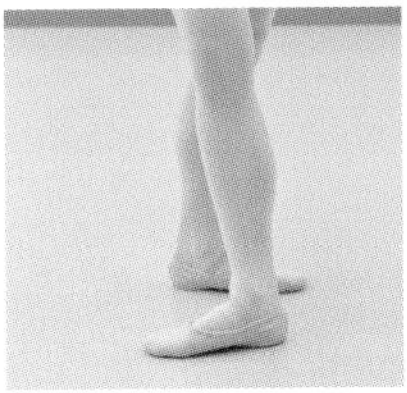

横から

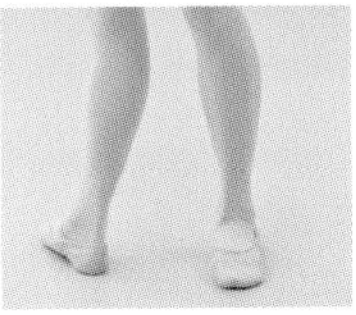

５　番

前の足のカカトが後ろ足のツマ先にくるように重ねる。両ヒザ、ツマ先は真横を向けるのが理想的。足は、つけ根からクロスするように意識し、２本の足が１本に見えるようにピッタリと密着させる。

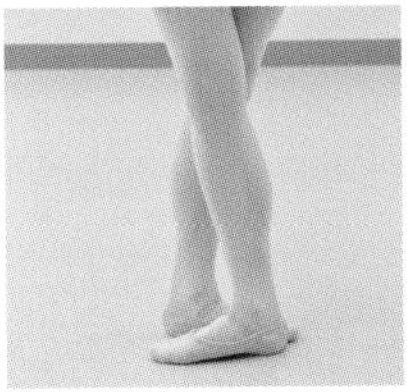

横から

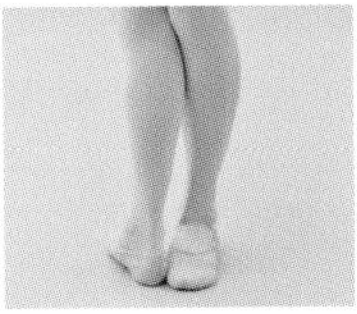

６　番

両ヒザ、ツマ先を真っすぐ正面に向けて立つ。両足はすき間がないように、太モモ、ヒザ、カカトを密着させる。レッスンでは、踊りの中よりもウォーミングアップなどで使われることが多い。

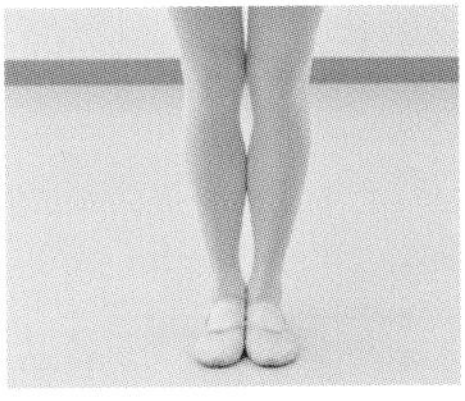

１　番

両足のヒザとツマ先を横に向けて立つ。互いのカカトはつけ、内モモを密着させる。足は、180度開くのが理想だが、ムリにツマ先だけを外側に向けると足がねじれてしまうので、必ず、ヒザとツマ先を同じ方向に向けよう。

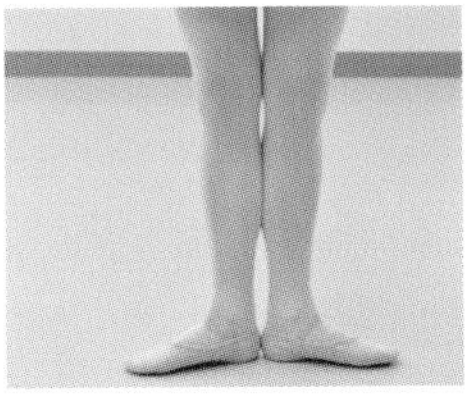

２　番

１番の足から、左右に足を開く。肩幅程度開くのが良いとされる。１番と同様に、足は180度開くのが理想。足のつけ根から外側に向けるように意識して、徐々に開いていく努力をしたい。

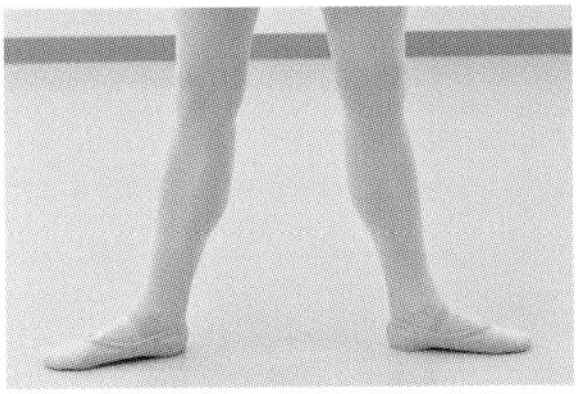

３　番

１番の足から、片方の足のつちふまずにもう一方の足のカカトがくるように重ねあわせる。あまり使われないポジションで、一般的なレッスンでは使われることは少ない。

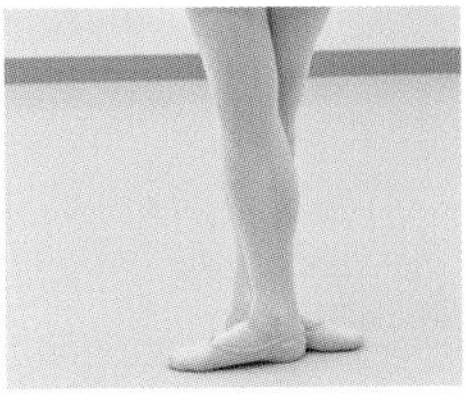

POINT 02

腕を動かすときは5つのポジションのいずれかを通る

足の次に覚えたいのが、腕のポジションです。美しく踊るためには、腕の使い方も非常に重要となります。場所とともに、力の抜き方も覚えましょう。

CHECK POINT

①腕を動かす場合には、5つのポジションのいずれかを通って動かす
②腕の力は抜き、肩はさげる
③腕はつねにやわらかく、優雅に使う

腕は5つのポジションのどこかを通って動かす

バレエでは、足のポジションだけでなく、腕のポジションも決まっています。

正しいポジションをしっかりと覚えて、そこを意識しながら動くことで、美しく踊ることができます。

足をあげる方向や顔の位置、腕のポジションなど、すべてに気を配り、バレエならではの流れるような動きを目指しましょう。

次ページで紹介する5つの場所とその名称をまずは覚えましょう。腕を動かすときは、このいずれかのポジションを通って動かすことになります。

いずれのポジションでも、腕の力は抜き、肩はさげたままポーズします。腕はやわらかく使い、ツメの先まで丁寧に扱います。

CHECK POINTを確認！

腕は、ここに紹介した5つのポジションのいずれかを通って動かすこと。肩をさげ、力は抜き、つねにやわらかく優雅に動かそう。

アン・オー

アン・ナヴァンのだ円を頭の上まであげる。肩があがってしまう場合は、おでこの前ぐらいでよい。首を長くして、鎖骨を横に引っ張るイメージを持つとよいだろう。

アロンジェ

アン・オーから、腕全体を外側へ向けるようにして、手を返す。手首は折れないように注意しよう。アン・オーと同様、肩はさげたまま動かすことが大切だ。

アン・バー

両腕をおろして、だ円を作る。ワキの下に卵を挟んでいるイメージで、ワキの下を少し開き、ヒジを軽く曲げる。手のひらは内側に向け、手の先を5センチ程度開く。腕は体から離した場所におくこと。

アン・ナヴァン

アン・バーの腕のまま、みぞおちの高さまでもちあげる。胸元を隠さないように、大きなボールを抱えるイメージでだ円を作るとよいだろう。手のひらは自分のお腹に向ける。

ア・ラ・スゴンド

アン・ナヴァンで作っただ円を崩さないように、腕を横に開く。肩から指先まで、水が流れていくようなラインが理想的でヒジが肩よりも後ろにいかないように注意しよう。

POINT 03

足と体の方向を覚えてより理解を深める

体の方向と足の方向は、初心者にはわかりにくいものですが、まずは体の方向を覚え、その後に足を出す位置を覚えると理解しやすいでしょう。

CHECK POINT
①体の方向をまずは覚えよう
②足を出す位置を覚えよう
③組み合わせで、様々なポーズを作る

決められた足と体の方向を覚えよう

足や腕のポジションと同様に、体の方向や足を出す方向も決まっています。

特にセンターレッスンでは、言葉で指示されたときに、どの方向を向いてどこに足を出すのかを把握できるようになれば、それだけでかなりのレベルアップがはかれます。

さらに、P17に記した、ワガノワ表記も覚えておくとより理解が深まるでしょう。

ワガノワとは、ワガノワメソッドを指し、ロシアのアグリッピーナ・ワガノワによって確立され、1738年に設立されたワガノワバレエ学校を起源とするメソッド(流派)です。ここでは、体の方向をわかりやすく提示するために、ワガノワの表記を使って説明します。

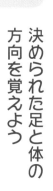

CHECK POINTを確認！

正面に対して体がどの方向を向くのかを覚え、次に足を出す位置を覚える。体と足の組み合わせで、様々なポーズができる。

アンファス（5番）

足は５番のまま、正面を向いたポジション。美しく見せるためには、ポイント01で示した、正しい５番ポジションで立ち、肩や胸に力をいれず、ウエストを長くして立つ。

クロワゼ（5番）

足がクロスしている状態。足は５番。右足前では左ナナメ前（ワガノワ表記：８）、左足前なら右ナナメ前（ワガノワ表記：２）を向いたポジション。センターでのエクササイズのスタートの基本姿勢になることが多い。顔は正面に向け、首スジを美しくみせる（＝エポールマン）。

エファッセ（5番）

足は５番。クロワゼとは逆に、右足前では右ナナメ前（ワガノワ表記：２）、左足前ならば左ナナメ前（ワガノワ表記：８）を向いたポジション。クロワゼよりも体が平面的になりやすいので、上半身の方向にも注意する。

クロワゼ・ドゥヴァン

先のクロワゼの方向で、足をドゥヴァン(前)に出すポジション。ワガノワ表記8の方向を向いて、右足を前に出す、もしくは2の方向を向いて左足を前に出す。

エファッセ・ドゥヴァン

先のエファッセの方向で、足をドゥヴァン(前に)出すポジション。つまり、ワガノワ表記2の方向を向いて右足を前に出す、もしくは8の方向を向いて左足を前に出す。

エカルテ・ドゥヴァン

エカルテ・ドゥヴァンは、右または左ナナメ前に向かって足を横に上げたポジション。ワガノワ表記8の方向を向いて、右足を2の方向に出す、もしくは2の方向を向いて左足を8の方向に出す。足が出ている方向のナナメ上遠くに目線を向ける。

エカルテ・デリエール

ドゥヴァンとは逆で、右または左ナナメ後ろに向かって足を横に出すポジション。つまり、ワガノワ表記８の方向を向いて左足を６の方向へ出す、もしくは２の方向を向いて右足を４の方向へ出す。足が出ている方向と反対側のナナメ下を覗き込むように上体を使う。

ワガノワ表記

アンファス(客席にむかって正面)を１番とし、時計回りに45度ずつくぎって番号をつけている。

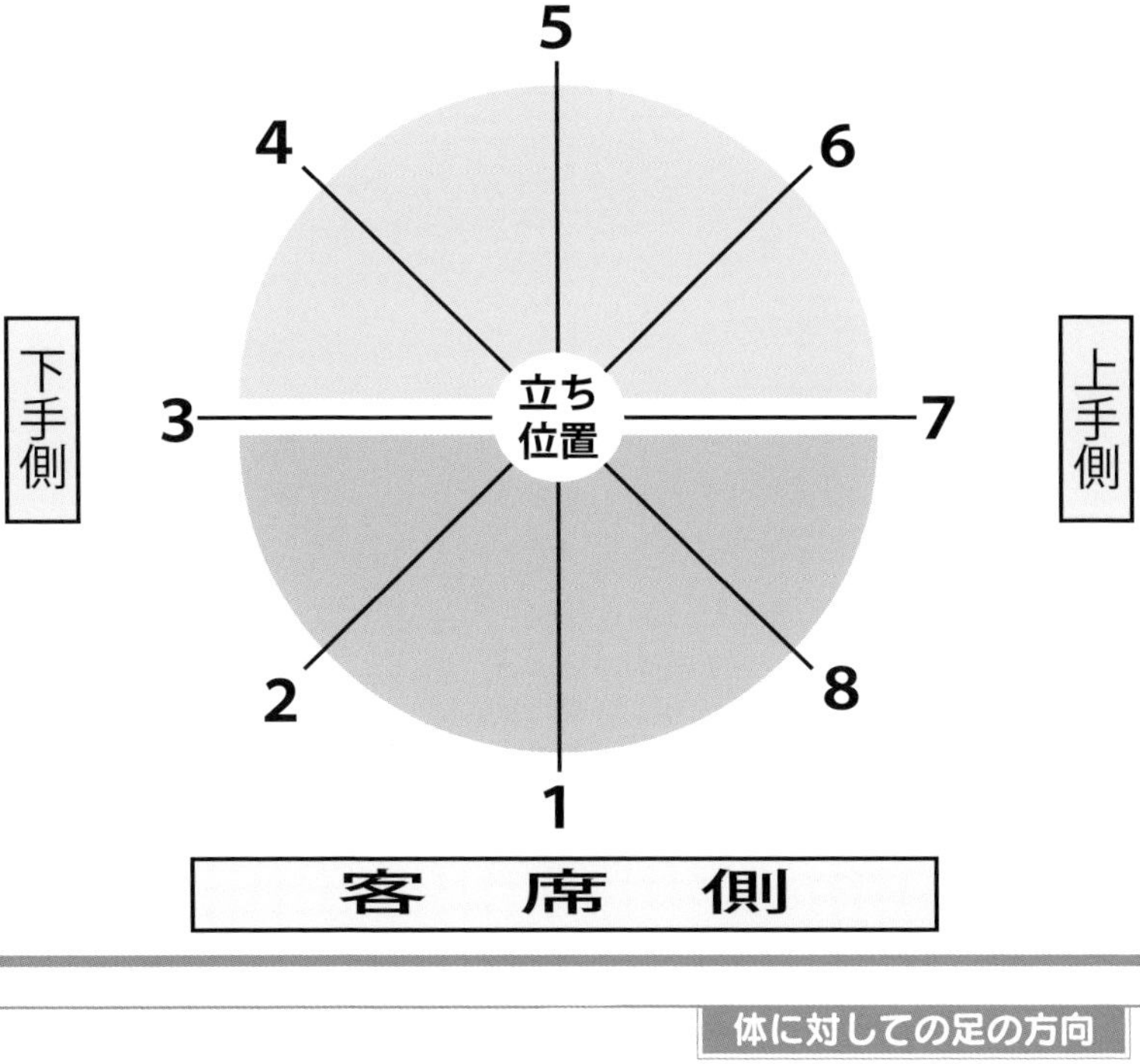

体に対しての足の方向

前⇨ドゥヴァン　後ろ⇨デリエール　横⇨ア・ラ・スゴンド

POINT 04

もっとも美しいポーズ・アラベスクの種類を覚える

アラベスクは、もっともよく知られているポーズです。このアラベスクにも4つの基本型があり、手や足を出す方向が決まっています。覚えておきましょう。

CHECK POINT

①アラベスクの種類は4つ。すべて覚えよう

②アラベスクでは、軸足でしっかりと床を押してバランスをとる

③胸をナナメ上に向け足をあげる

アラベスクの種類を覚え ヴァリエーションも美しく

アラベスクは、バレエで一番有名なポーズでしょう。片足で立ち、もう一方の足を後ろに伸ばしてあげたポーズです。もっとも美しいポーズだともいわれ、数々の有名な作品のいたるところに登場します。

アラベスクは、軸足にしっかりと体重をのせ、床を押すようにして立つことが大切です。胸をナナメ上に向けて引きあげながら、足をあげます。足は床と平行またはそれより少し高くにあげるのが理想ですが、体が堅い人はムリをしてあげるよりも流れるようなラインを目指しましょう。両ヒザ、あげた足のツマ先はしっかり伸ばします。

アラベスクには、4種類のポーズがあり、腕や体の方向によって、種類分けをしています。

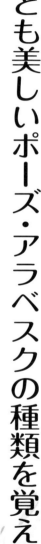

CHECK POINTを確認！

軸足でしっかりと床を押し、バランスをとる。胸をナナメ上に向け美しいアラベスクを。同時に、4つの種類を覚えること。

※ ここでは、体の方向と足、手をどこに伸ばすかを紹介しています。アラベスクにあげる足の高さは、パによって違います。

第1アラベスク

エファッセ(P15)の5番から後ろにタンデュし、軸足側の腕を前に伸ばす。この手先は、自分の鼻の高さまであげよう。あげた足側の腕は、横に伸ばす。目線は、前に伸ばした手の先を見るようにしよう。右軸の場合、右手2、アラベスクの足6となる。(手、足の方向はP17のワガノワ表記参照)

第2アラベスク

エファッセの5番から後ろにタンデュし、あげた足側の腕を前に伸ばし、軸足側の腕を横に伸ばす。つまり、第1アラベスクの腕を入れかえたポーズが第2。足があがっている側のワキを長く伸ばし、前の肩がさがらないよう注意しよう。右軸の場合、左手2、アラベスクの足6となる。

第3アラベスク

クロワゼの5番から後ろへタンデュし、客席側の足で立つ。腕は、あげた足側の腕を前に伸ばし、もう一方を横に伸ばす。つまり、第1アラベスクの足をいれかえたポーズとなる。横に伸ばした手側の胸と背中を広く使うことを意識する。右軸の場合、左手8、アラベスクの足4となる。

第4アラベスク

クロワゼの5番から後ろへタンデュし、客席側の足で立つ。腕は立っている足側を前に伸ばし、もう一方を後ろに伸ばす。前に伸ばしている手の小指を見ながら、体をしぼるようにひねると美しく見える。右軸の場合、右手8、アラベスクの足4となる。

POINT 05

レッスンに必要なものは最低3点セット

レッスンに必要な道具を用意しましょう

バレエを習い始めて、まず最初に用意すべきものは、
・バレエシューズ
・レオタード
・タイツ
の3点です。

バレエシューズは、足に合ったサイズを選ぶことはもちろんのこと、床をとらえる感覚を得やすく、自分の足の形に合っているものを選ぶのがベスト。バレエ専門店で販売しているほか、ネット通販でも購入できます。また、お教室によっては、主要サイズはお教室にストックがある場合があり、そこで購入することもできます。

レオタードは体がどのように使われているか見えるように、体にピッタリとフィットし、動きやすいものを着用しましょう。

最近では、フィットネスジムや公民館などを使った「バレエ教室」も開かれています。そういったお教室ではレオタードが義務づけられていませんが、バレエの上達を考えているならば、レオタードを着用してレッスンを受けることをお勧めします。また、通常のバレエ教室ではレオタード着用を指示する先生が多いでしょう。

タイツも同様です。

レオタード、タイツともに、バレエ専門店やネット通販で購入できます。

大人のクラスでは、さすがに気恥ずかしいと、レオタードの上にスカートやショートパンツタイプのウォーマーなどの着用を許可している教室もあります。許可されているのであれば、各々の好みに合わせ、レッスンファッションを楽しむのも良いでしょう。

CHECK POINT

①レッスン用具3点を揃える
②自分の体に合ったものを選ぶ
③許可されていればファッショングッズも可

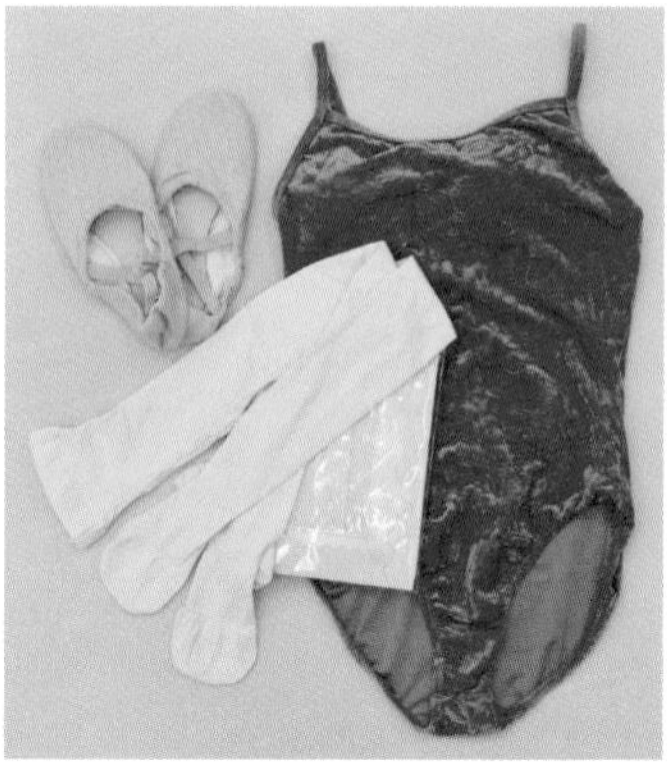

必要最低限の3点セット。バレエシューズとレオタード、タイツ。

レオタードの上に着るウォーマーやレッグウォーマー、スカートなどでおしゃれも楽しめる。

part 2

バー・レッスンの動きを覚えましょう

基礎を覚え、体の使い方をマスターするためにもバー・レッスンは非常に大切になります。

そのため、レッスン時間の大半を割いていることが多いのです。それだけ重要なレッスンだと認識し、練習に励みましょう。

POINT 06

腕をしなやかに使い「準備」する

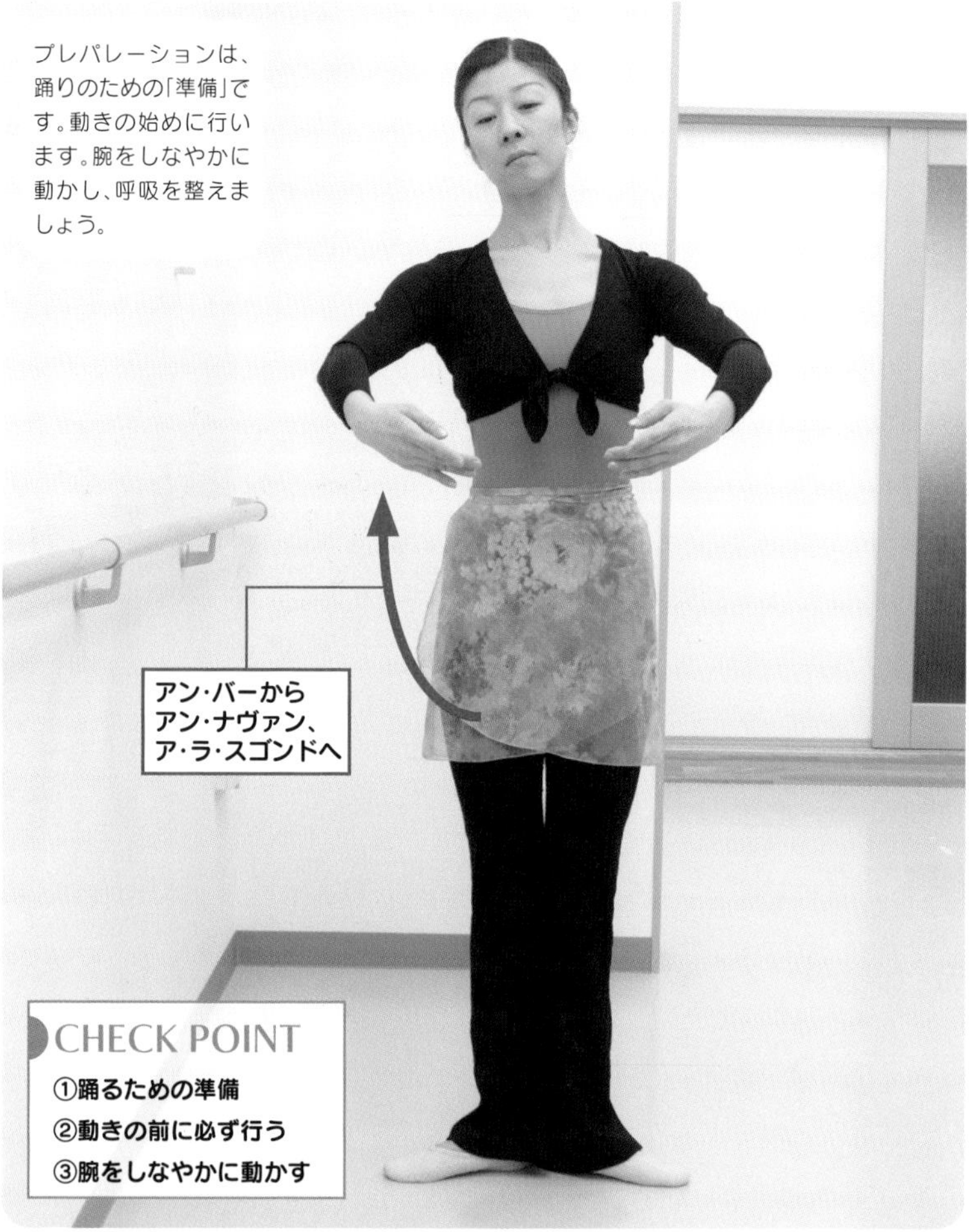

プレパレーションは、踊りのための「準備」です。動きの始めに行います。腕をしなやかに動かし、呼吸を整えましょう。

CHECK POINT
①踊るための準備
②動きの前に必ず行う
③腕をしなやかに動かす

動きの前に必ず行い準備をする

プレパレーションは、バー・センターいずれの場合も、すべての動きの前に行う「準備」です。以降のページでは、動きの手順にはこのプレパレーションは含まれていませんが、実際にはプレパレーションを行ってから、踊りに入ります。

準備とはいえ、プレパレーションをきちんと行うことも踊りの一部です。ていねいに行いましょう。

プレパレーションは、様々なやり方があり、またポーズがあります。次のページで紹介するのは、もっとも一般的なバーレッスンの際のプレパレーションです。

呼吸を整え、腕をしなやかに、ヒジから動かすイメージで動かします。音にのることも意識しましょう。

まずは両手をアン・バーに置き、顔はナナメ前を向き足は指定のポジションになる。

音楽に合わせて、ゆっくりとアン・ナヴァンにあげる。顔も一緒に動かす。

その後、ア・ラ・スゴンドに開き、それと同時に顔もナナメ前に向ける。

ワンランクアップ

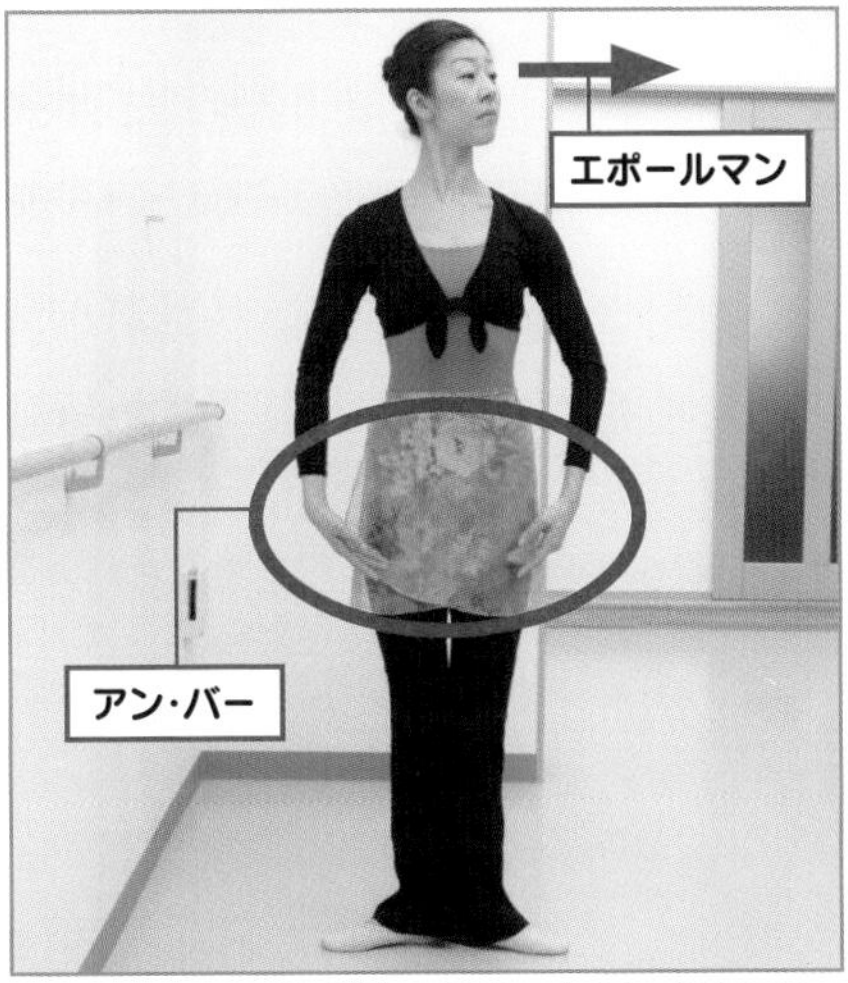

バーレッスンでは、写真の姿勢のように、腕はアン・バーで、足は指定のポジションで立ち（写真では1番）、音の出を待つ。顔はバーと反対側のエポールマン（ナナメ前／ポイント03）に向けるのが基本だ。ここから、音の始まりとともに、プレパレーションを行う。

CHECK POINTを確認！

ゆっくりと呼吸を整え、準備する

音楽の前奏を使って、ゆったりと動き、心身ともに踊るための用意をする。以降のページでは、プレパレーションの行程を省略しているが、通常は必ずこの動きを行ってから各パを始める。

POINT 07

背中に壁があるようまっすぐおりる

背骨は上に意識
上半身は基本の姿勢を保ったまま、真下に腰を降ろすようにして、両ヒザを曲げます。ドゥミではカカトをあげずに、グランではさらに深く曲げます。
ヒザは横へ
CHECK POINT
①背中はそのままで、まっすぐにプリエする
②２番のグラン・プリエは、カカトを浮かせず、ヒザの高さまで
③４番のプリエの重心は両足の真ん中

上半身はキープしたまま真っすぐにプリエ

プリエとは、「折りたたむ」という意味で、両ヒザ、または片ヒザを曲げることを指します。プリエは、ほぼすべてのパに使います。そのため、正しく習得しましょう。

ドゥミ・プリエのドゥミは、「半分」、グラン・プリエのグランは「大きい」の意味。つまり、ドゥミはカカトが床から離れない位置までヒザを曲げ、グランではさらに深くヒザを曲げます。２番以外のグラン・プリエでは、カカトが床から離れます。

いずれも、プリエをした際には、足のツマ先と曲げたヒザが同じ方向を向くようにしましょう。もちろん、真横に向けられるのがベストですが、できない場合は無理してヒザのみを開く必要はありません。

グラン・プリエは、ドゥミ・プリエよりもさらに深くヒザを曲げ、まっすぐと下までおりる。

足を伸ばし、ストレッチする。その後、アロンジェしてからグラン・プリエに入る。

腕をア・ラ・スゴンドのまま、ドゥミ・プリエ。カカトは浮かせないこと。顔は手の先に向ける。

ココに注意！

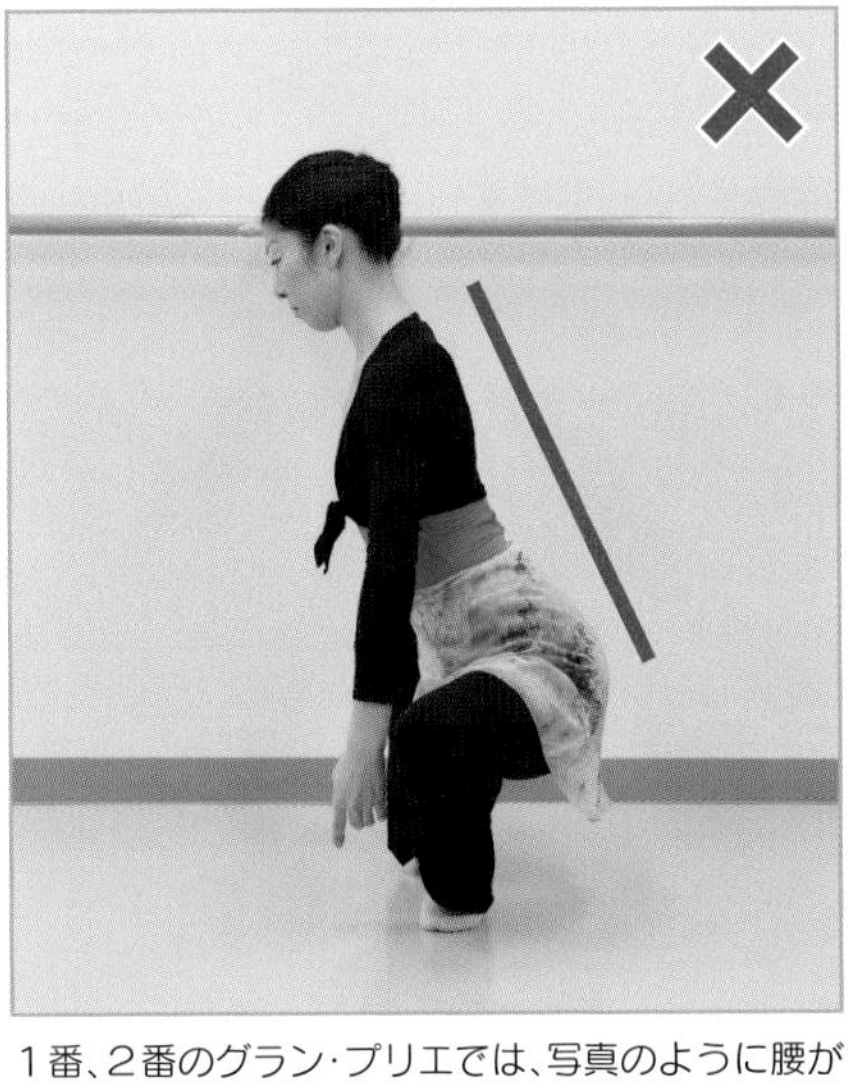

1番、2番のグラン・プリエでは、写真のように腰が後ろに引け、お尻が突き出したような姿勢になりやすい。この姿勢では、いくら足を横に開いていてもキレイな形にはならない。基本姿勢からそのまま下におりてくること。

CHECK POINT ①

上半身は変えずにプリエする

すべてのプリエに共通して、まっすぐに下におりることが重要なポイントになる。前傾したり、それとは逆に腰を前に出したりしないよう注意しよう。

足のポジション●2番

ドゥミ・プリエを通ってストレッチする。腕は、アン・バーからアン・ナヴァンを通るのが基本。

ストレッチし、アロンジェから、グラン・プリエ。2番のグラン・プリエはカカトを浮かせない。

2番の足になり、ドゥミ・プリエ。1番同様、真っすぐと下におりてくるイメージで行う。

ココに注意！

2番のプリエではドゥミもグランもカカトはあげない。ほかの足のポジションのグラン・プリエでは、カカトがあがっても（積極的にあげるのではない）問題ないが、2番ではあげないことがポイント。

CHECK POINT ②

腰とヒザを同じ高さにする

2番のグラン・プリエでは、腰とヒザが同じ高さになるところまでヒザを曲げる。また、ヒザは、ツマ先の方向に向かって曲げることが大切。ムリをしてヒザを開くと、腰が前に出てしまうので開ける範囲で行う。

足のポジション●4番

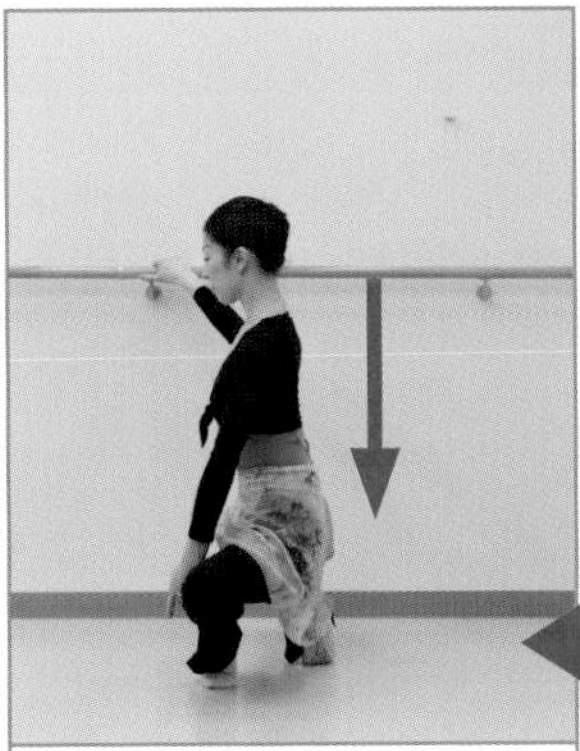

ストレッチ、アロンジェの後に、グラン・プリエ。お尻、腰の位置を確かめながら行おう。

ドゥミ・プリエも、まっすぐ下におりること。重心は足の真ん中に保つ。

2番の次は、4番でのプリエ。（3番は通常行わない）重心が両足の中心にくるようポーズ。

足のポジション●5番

最後に、5番のグラン・プリエを行う。足に均等に体重が乗るように意識する。

ドゥミ・プリエ。続いて、ストレッチし、アロンジェする。後ろ、前重心にならないよう注意。

足を5番にする。両足が深く交差するよう意識して、ヒザをしっかりと伸ばす。

ワンランクアップ

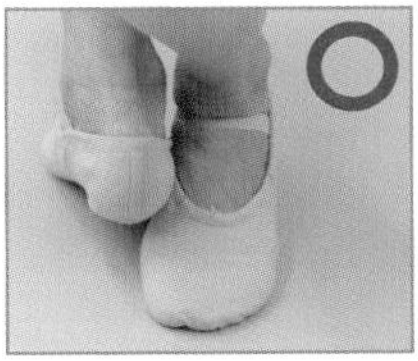

指先に均等に体重が乗っている状態。これが正しい体重のかけ方。

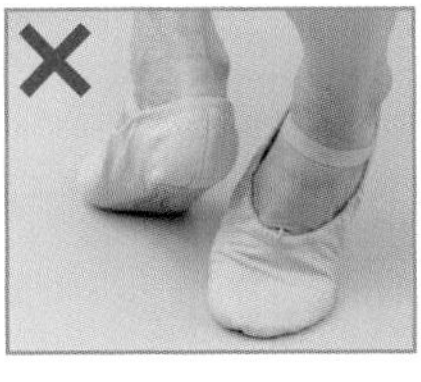

小指側に体重が乗ってしまうと、鎌足になり、カカトが逃げてしまう。

CHECK POINT ③

4番5番プリエの重心は真ん中のまま

4番と5番は重心を両足の真ん中に保ったまま、プリエするのがポイントだ。左の写真のように、腰を突き出して後傾してしまいがちなので、注意しよう。

POINT 08

背骨を一つずつ積みあげるように体を起こす

ポール・ド・ブラ（前後）

足のポジション◆1番からスタート

ポールドブラの前後は、体を前に倒す動き、そして後ろに反る動きになります。背骨を積みあげるようにして、体を起こしましょう。
内モモは寄せたまま

CHECK POINT

①背骨を一つずつ積みあげるようにして、起きあがる
②胸から上をしなやかに動かす
③後ろに反るときは、大きなボールに背中がのっていく気持ちで

背骨を一つずつ積みあげるイメージを持つ

ポール・ド・ブラとは、本来、「腕の運び」を意味する単語です。つまり、片手または両手をポジションからポジションに移すことを指します。そのため、この動きは、腕の運び方とそれに伴う顔のつけ方、ポーズの取り方を練習するために行います。バーレッスンでは、前後の動きや、左右の動きを行います。センターレッスンでも、同様に「ポール・ド・ブラ」を行うクラスは多いでしょう。この場合は、足や正面から見た体の角度を動かすこともあります。

基本姿勢を保ったまま、上半身を優雅に動かします。体を前に倒す、後ろに反る（いずれもカンブレと呼ばれることもあります）場合には、背骨が順々に動くイメージで行いましょう。

背中でアーチを作るように、大きなボールにのっていくイメージで後ろに反る。

お腹から背骨を１つずつ起こすようにゆっくりと起きあがり、一度真上に伸びる。

腰から下はポジションを保って、ヒザは緩めずに、前に倒れる。そして、ゆっくりと起きあがる。

CHECK POINT ③

ボールがあるイメージで反る

後ろへのポール・ド・ブラは、背中の後ろにボールがあるイメージで、その上に背中を乗せていくように大きく反る。そうすることで、キレイなアーチになる。ただし、腰から下は動かさないこと。

CHECK POINT ①〜②

力を抜いて背骨の動きを意識

前へのポール・ド・ブラは、腰に近い背骨から、骨を一つずつ積みあげていくイメージで、丁寧に起きあがる。そのため、頭は最後に起きる。胸から上の力は抜いて、しなやかさを出すこと。

体の真横にゆっくりと曲げる

ポール・ド・ブラ（左右）
足のポジション◆2番からスタート

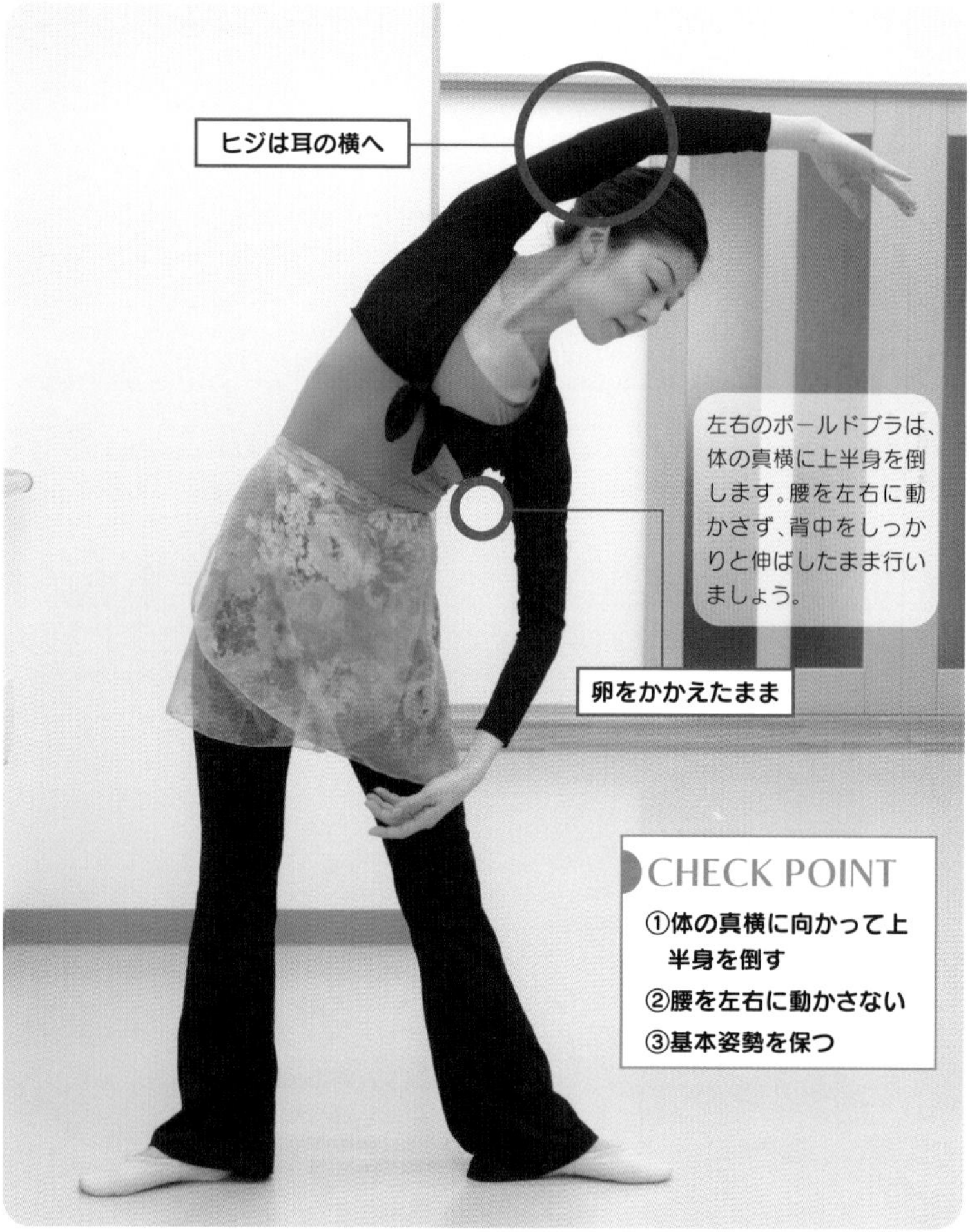

左右のポールドブラは、体の真横に上半身を倒します。腰を左右に動かさず、背中をしっかりと伸ばしたまま行いましょう。

CHECK POINT
①体の真横に向かって上半身を倒す
②腰を左右に動かさない
③基本姿勢を保つ

真横に向かって上半身を倒す

ポイント08で行ったポール・ド・ブラの前後の動きのほかに、左右も行います。レッスンでは、一連の動きとして1曲の中で踊られることも多いものです。

基本の姿勢を保ったまま、体の真横に向かって上半身のみ倒します。腰が上半身につられて左右に動かないように注意しましょう。

バレエにおいては、ゆったりとした優雅な腕の動きは、上達の上では欠かせません。それとともに、顔が正しい角度で正しい方向を向くことで、同じ動きが数倍もキレイにみえます。

また、基本姿勢を保ったまま体を動かすことも、この動きのポイントになります。

バーと反対側に倒す

バーに捕まっている手をアン・オーにし、反対側へ上体を倒す。左手はアン・バーにする。

ストレッチ

音に合わせてゆっくりと起きあがってから、頭上に再度伸びてストレッチ。

バー側に倒す

上に伸びてから、バーに向かって体を倒す。腰を動かさないで、ワキをストレッチする。

ココに注意！

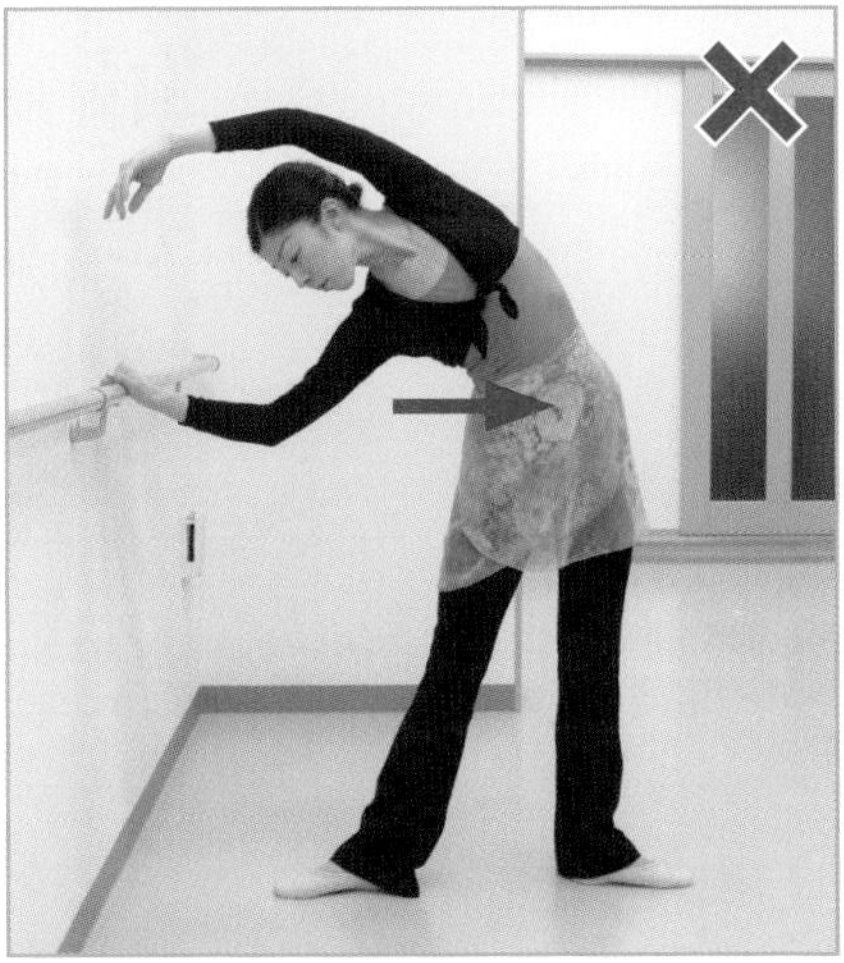

横へのポール・ド・ブラでは、腰が左右に動きやすい。写真は、右へ深く倒そうとするあまり、左側に腰が逃げてしまっている状態だ。バレエ以外のストレッチなどに見られる動きと、ポール・ド・ブラは別物だとはっきり認識し、腰から上だけを倒すことを意識しよう。

CHECK POINT を確認！

腰は動かさない

体の真横に腰から上だけ倒す

横のポール・ド・ブラは、体の真横に倒すことが最大のポイント。腰から上だけを使って倒し、下半身は動かさない。そのためには、足は床を押し、体は上に伸びる、基本姿勢を保ったまま行うことが大切。

POINT 10

タンデュ

足のポジション◆5番からスタート

前横はカカトから、後ろはツマ先から動かす

床をすって足を前後左右に出す動きです。軸足は動かさないように注意しながら、前と横はカカトから、後ろはツマ先から動かします。
CHECK POINT
①前と横はカカトから、後ろはツマ先から動かす
②軸足は床を押し動かさない
③戻るときは指先を緩めて、前横はツマ先から、後ろはカカトから戻す
床をしっかりと押す
ツマ先を伸ばす

動作足をカカトもしくはツマ先から動かす

タンデュとは、1番または5番の足からヒザを伸ばしたまま、床をすって足を動かすことを言います。

動かす方向は、前、横、後ろのいずれかです。

タンデュという単語には、「張る」という意味があり、その意味通り、足をピンと張って動かすことが大切です。

また、前・横にはカカトから足を出し、後ろへはツマ先から出すように意識します。腰を動かさず、足がピンと張る位置まで伸ばしたら、指先を緩めて戻します。

軸足（動かさない足）はしっかりと床を押し、体とともに上へ伸び続けましょう。

5番の足から、指で床をするようにして、ドゥミ・ポアントを通って前に出す。

さらに足を出し、ツマ先までしっかりと伸ばす。腰は動かさないよう注意。

①同様、ドゥミ・ポアントを通って、床をすりながら5番の足に戻る。

ココに注意！

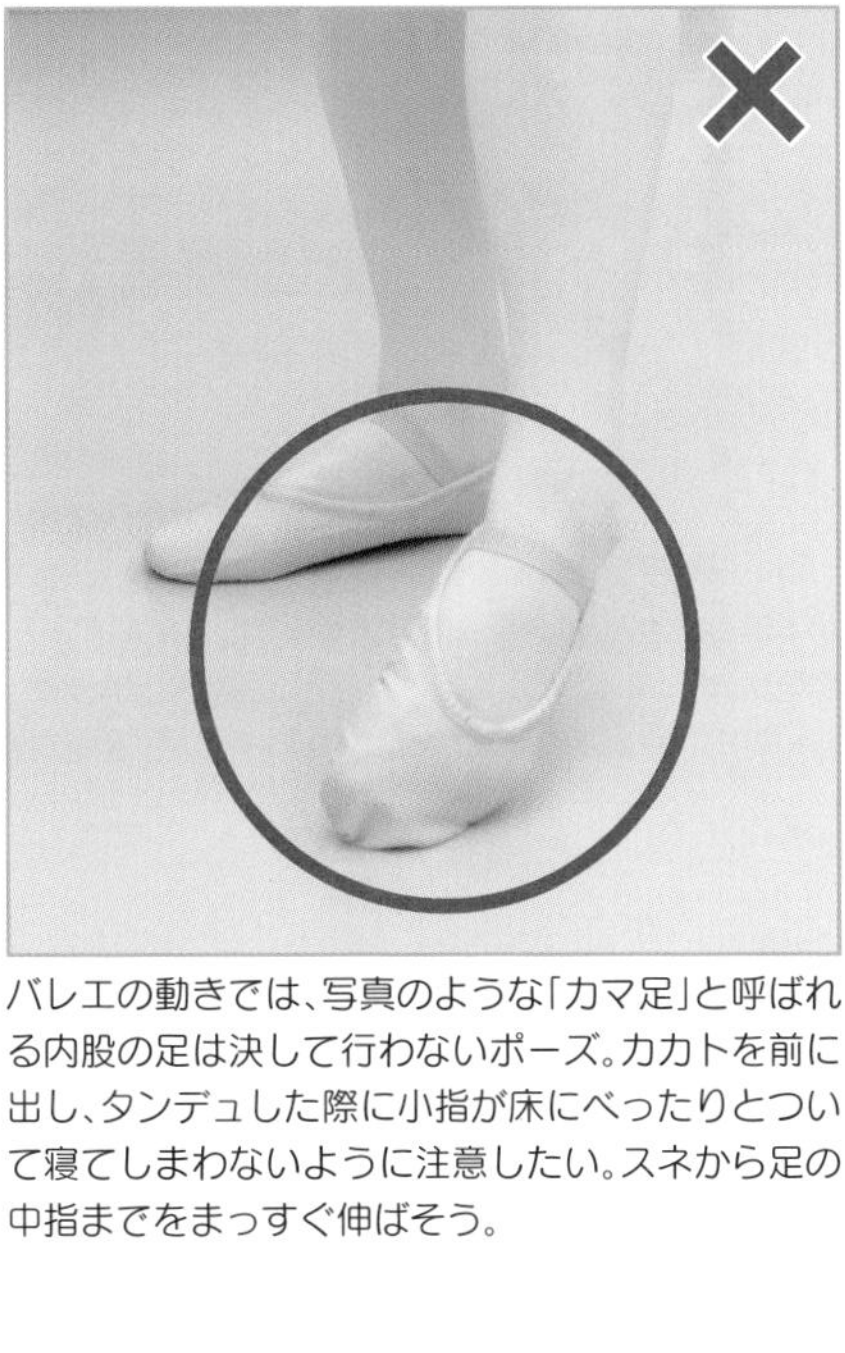

バレエの動きでは、写真のような「カマ足」と呼ばれる内股の足は決して行わないポーズ。カカトを前に出し、タンデュした際に小指が床にべったりとついて寝てしまわないように注意したい。スネから足の中指までをまっすぐ伸ばそう。

CHECK POINT ①

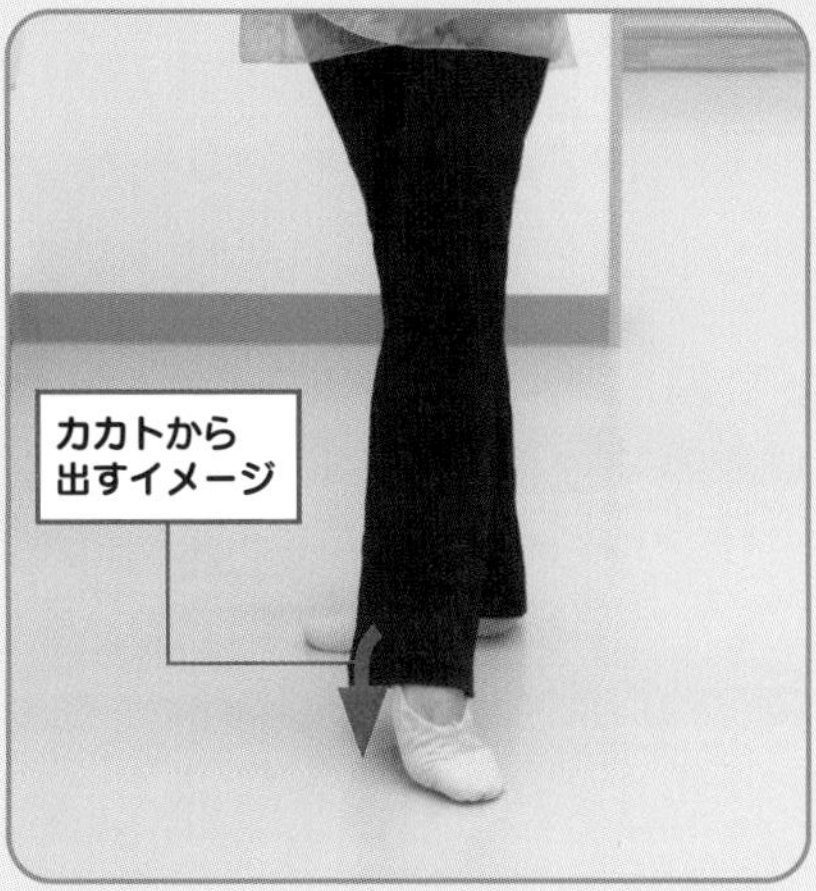

足はカカトから出す

前、そして横のタンデュでは、足をカカトから出すよう意識しよう。そうすることで、自然とヒザが外を向き、美しい動きになる。逆に、後ろのタンデュでは、ツマ先から出すイメージで行う。

［横］足のポジション● 5番からスタート

同様に、さらに足を出して、足の甲からツマ先までをピンと伸ばす。

前と同様に、ドゥミ･ポアントを通って、床をすりながら足を出す。

前のタンデュが終わったら、5番の足に戻り、次に横のタンデュを行う。

ココに注意！

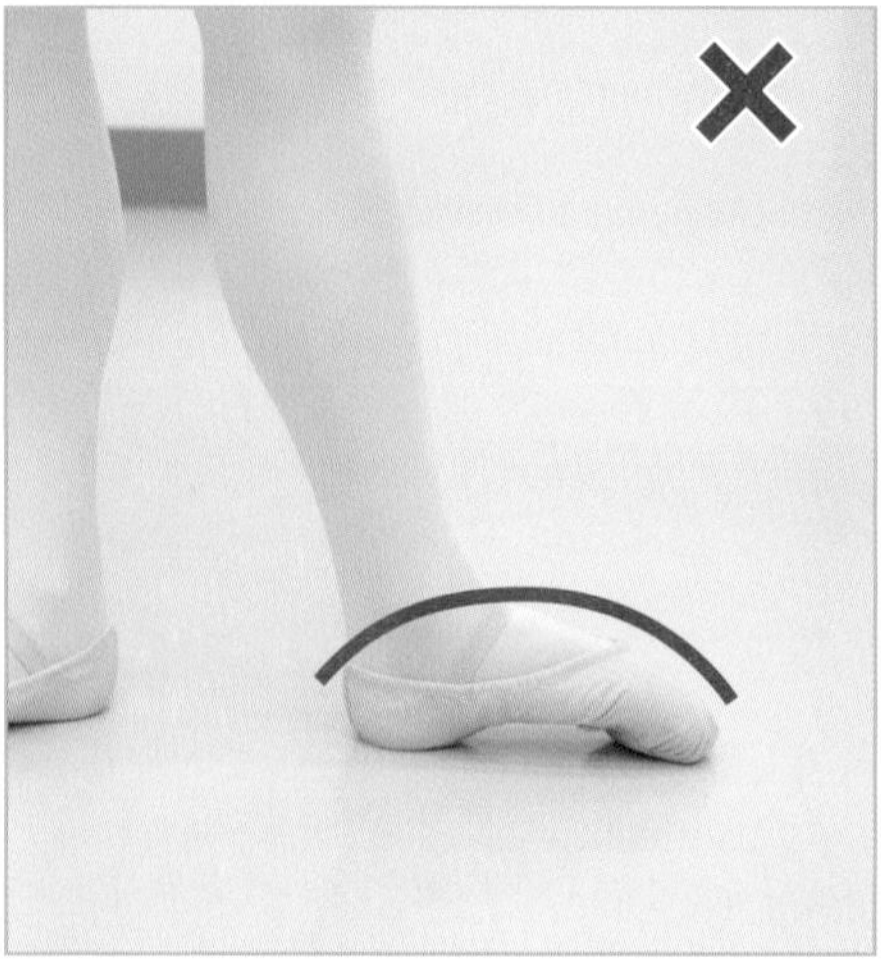

ツマ先を伸ばそうと意識しすぎると、先に指が丸まってしまうことがある。ふくらはぎに力が入り、足の甲が伸びにくくなるので、足の裏の力を抜いて、床をすりながら、ドゥミ･ポアントを通ってツマ先を伸ばそう。タンデュに限らず、伸ばす過程の足の裏はリラックスして。

CHECK POINT ②

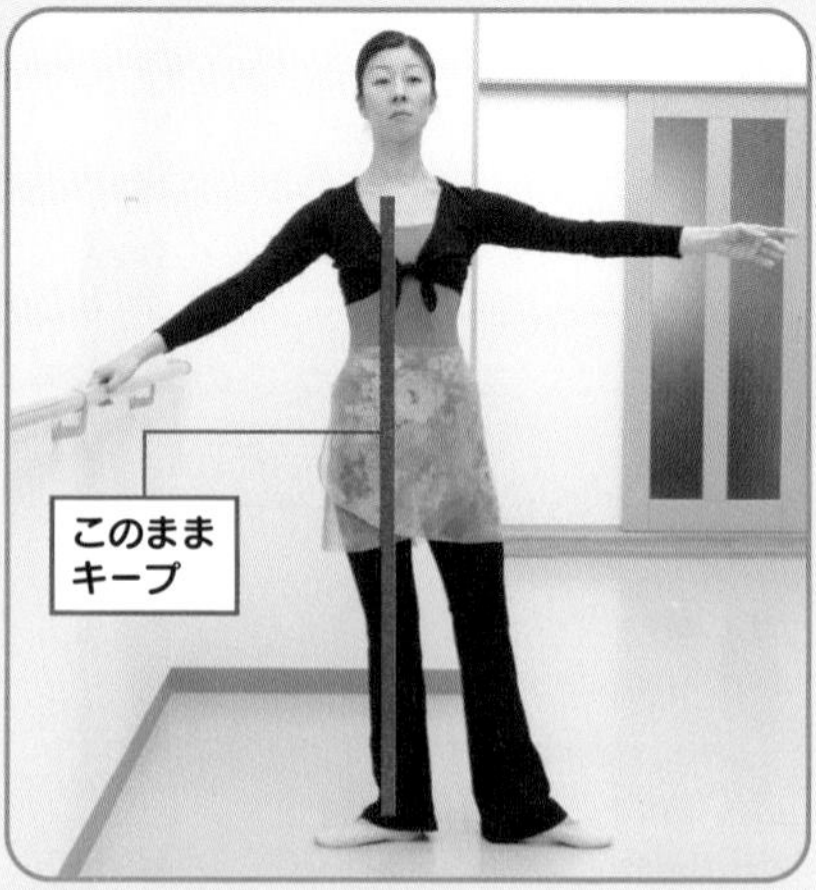

軸足は動かさない

動作足（バーと反対側の動かす足）が動いている間、軸足は決して動かさないことが大切。足裏全体で床をとらえ、しっかりと床を押す。また、同時に、腰から上も姿勢をキープし、上に伸び続けるように意識しよう。

[後ろ] 足のポジション●5番からスタート

ドゥミ・ポアントを通って、後ろ5番(動作足が後ろに入る5番のこと)に戻る。

さらに足を出し、甲からツマ先までを伸ばす。足は、軸足のカカトの延長線上に出すこと。

前、横と同様に、5番の足からドゥミ・ポアントを通って、足を後ろに出す。

ココに注意！

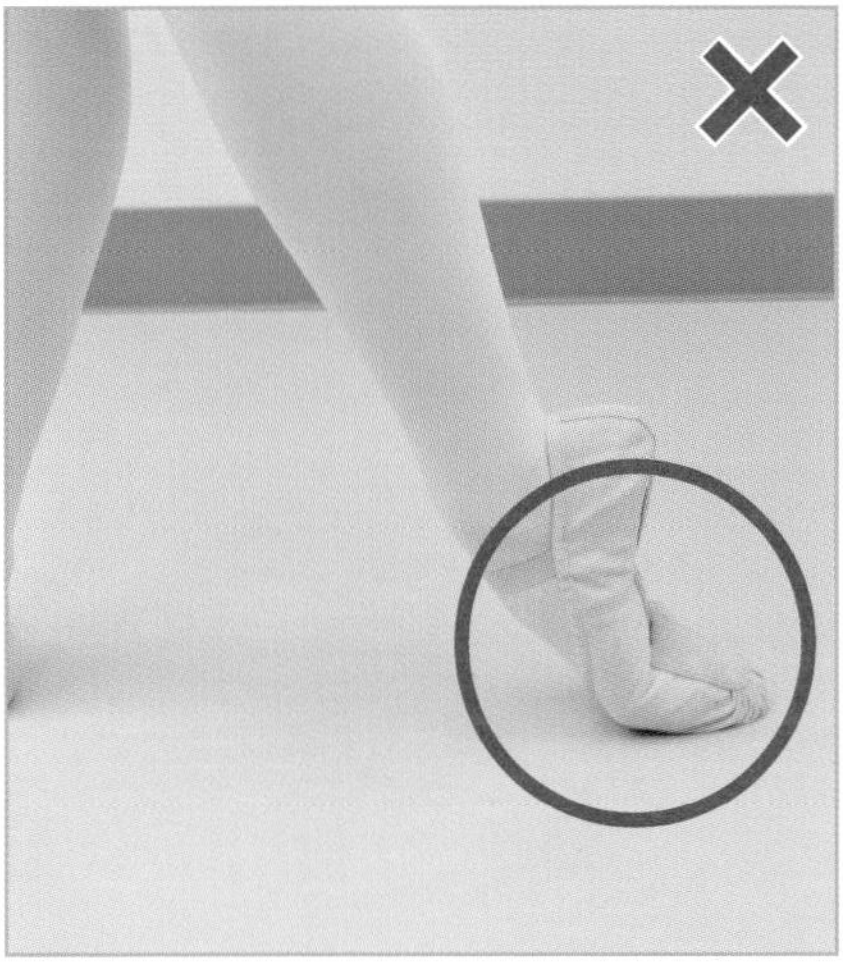

後ろへタンデュをする際、アン・ドゥオールをしないと、写真のように指先が床にべったりとついてしまうことも。親指の先のみをつける形が正しい。そうするために、カカトを下げて小指でお尻を包み込むように出すことが大切だ。

CHECK POINT ③

指先を緩めて、カカトから戻す

足を戻すときは、指先の力を抜いて、カカトから戻すように意識する。出すときはツマ先から、戻すときはカカトからを意識することで、鎌足になりにくい。前や横のタンデュの場合には、ツマ先から戻る。

床をこすってツマ先を伸ばす

ジュテ（バットマン・デガジェ）

足のポジション◆5番からスタート

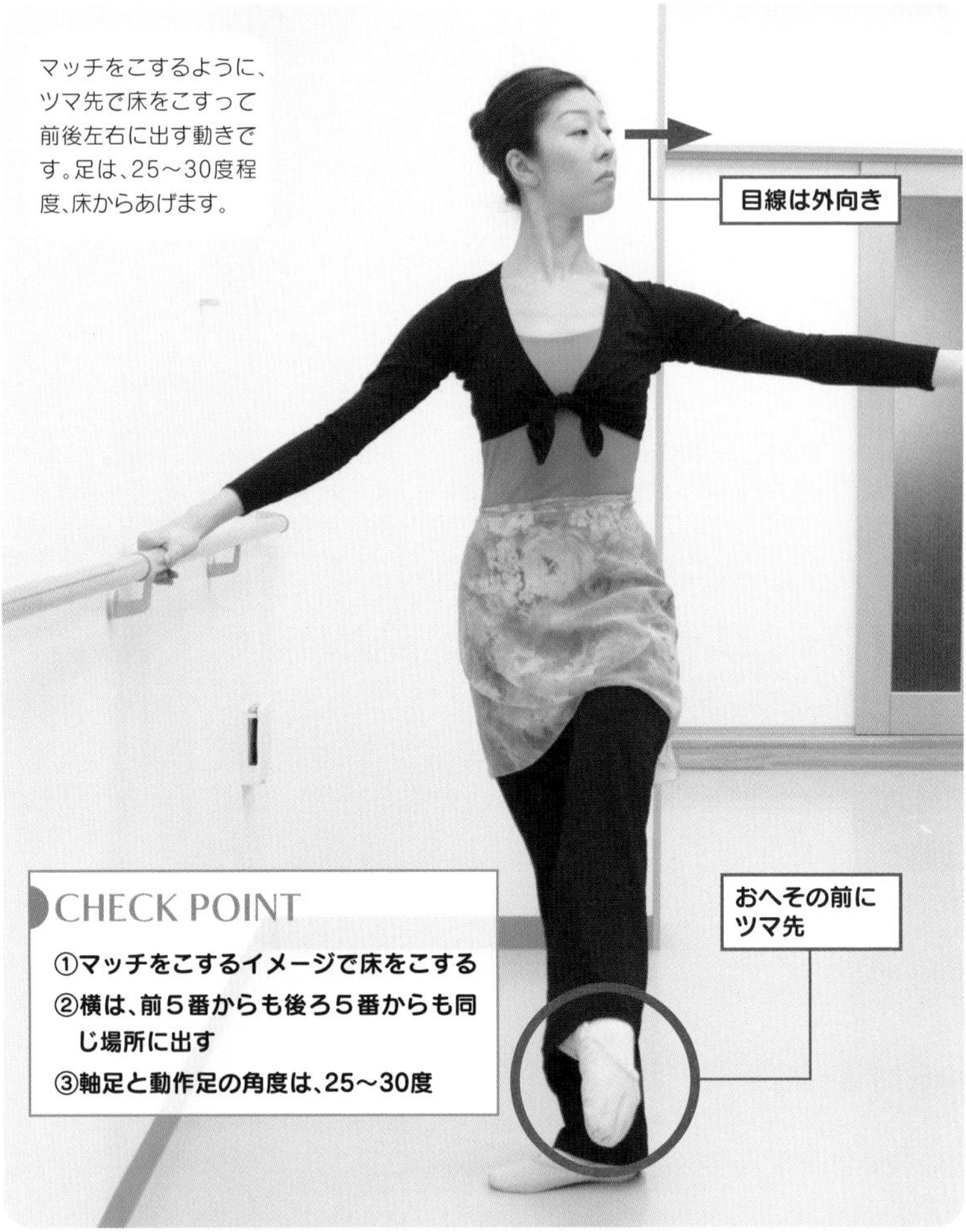
マッチをこするように、ツマ先で床をこすって前後左右に出す動きです。足は、25～30度程度、床からあげます。
目線は外向き
おへその前にツマ先

CHECK POINT

①マッチをこするイメージで床をこする
②横は、前5番からも後ろ5番からも同じ場所に出す
③軸足と動作足の角度は、25～30度

マッチをするように床をこする

タンデュからさらに足を出し、ツマ先を床から少し浮かせる動きを言います。

ジュテには、この本のポイント25で紹介するジャンプを伴う動きもあり、それを区別するために、「バットマン・デガジェ（デガジェ）」と呼ぶことも多くあります。

ジュテとは、「投げる」の意味で、ツマ先をシュッと伸ばし、投げるように前後左右に動かします。

ポイントは、いずれの方向であっても床の離れ際のツマ先の使い方です。マッチで火をつけるようなイメージで、床をこすり、床から25～30度程度足をあげます。あげすぎてもいけませんので、注意しましょう。

床をこすりながら足をあげ、できるだけ遠くにツマ先を伸ばす。

タンデュと同じ要領で、ドゥミ·ポアントまで足を前に出す。軸足はしっかりと床を押す。

5番からスタートする。腕は、プレパレーションからア·ラ·スゴンドに。

ワンランクアップ

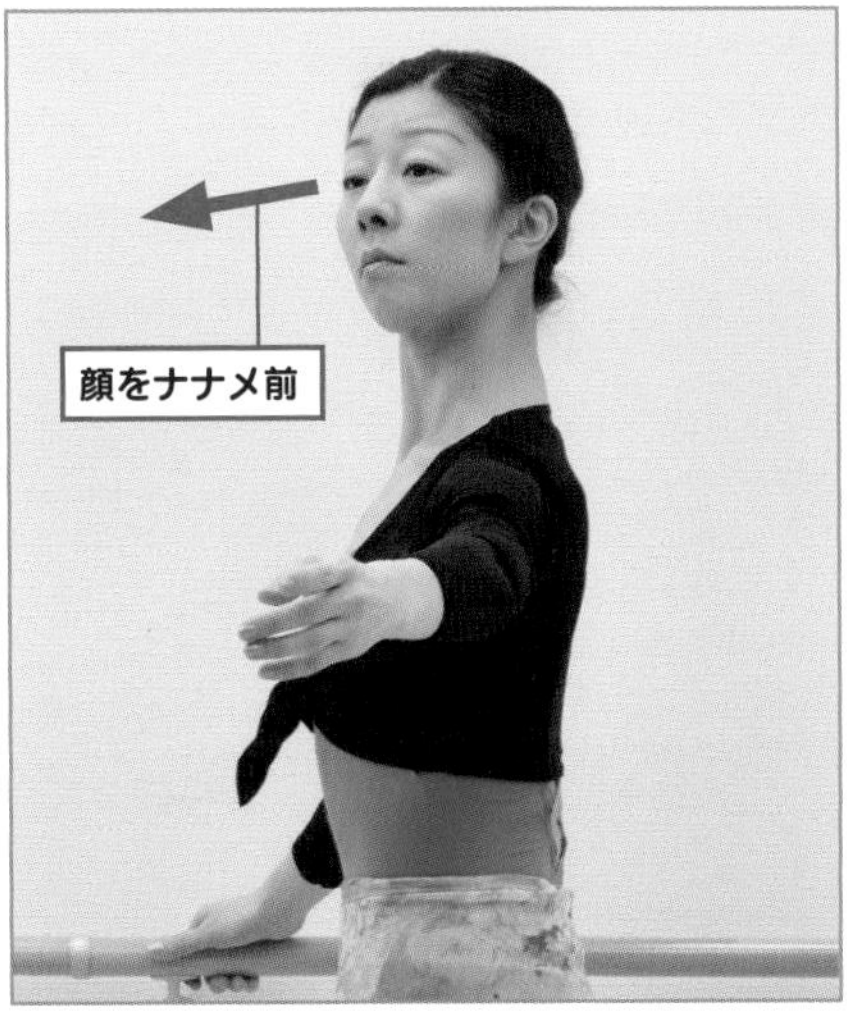

タンデュ、ジュテなど、前、横、後ろに足を出す動きは、顔の向きが決まっている。前と後ろに足を出す場合には、ア·ラ·スゴンドに出した手よりも前、つまりナナメ前を向く。これだけで、動きに表情が出るので、顔をつけて動きの練習をしよう。

CHECK POINT ①

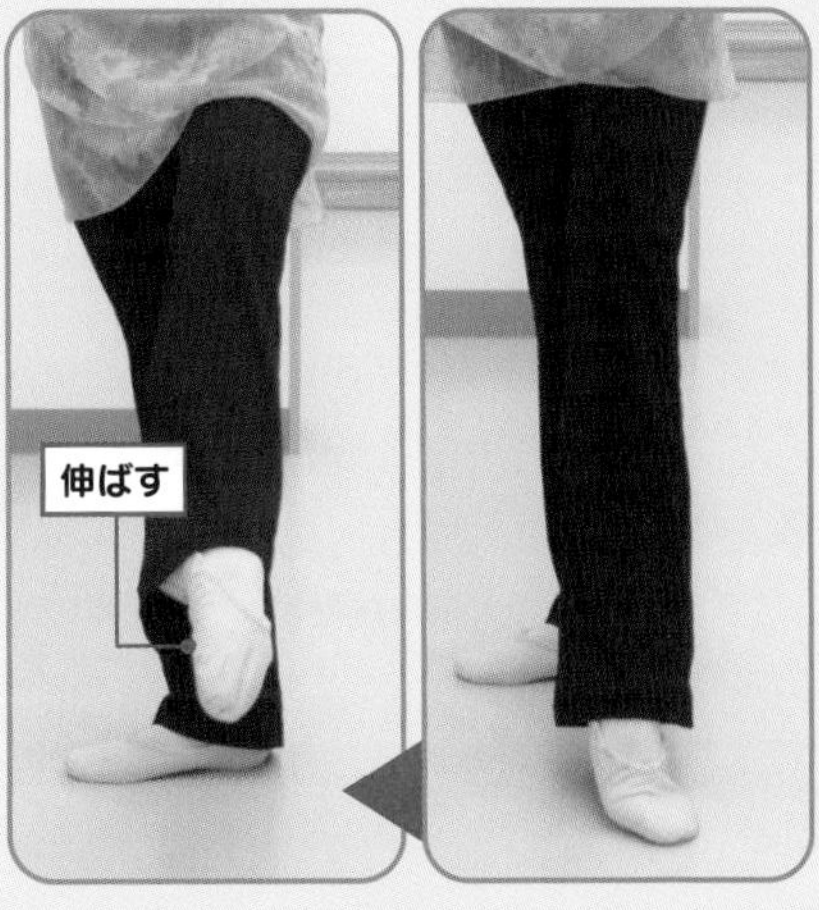

床をこすって出す

タンデュ(ポイント10)と同様に、床をこすって出し、床からツマ先が離れたら伸ばすのがポイント。足の指先がマッチになったつもりで、火をつけるようにこするイメージを持つといいでしょう。

［横］足のポジション●5番からスタート

足をさらに出し、ツマ先を伸ばして空中にあげる。ジュテでは、それほど高くあげる必要はない。

タンデュと同様に、ドゥミ・ポアントを通って、床をこするように出す。

前のジュテが終わったら、動作足を前の5番に戻し、次に横のジュテに入る。

ワンランクアップ

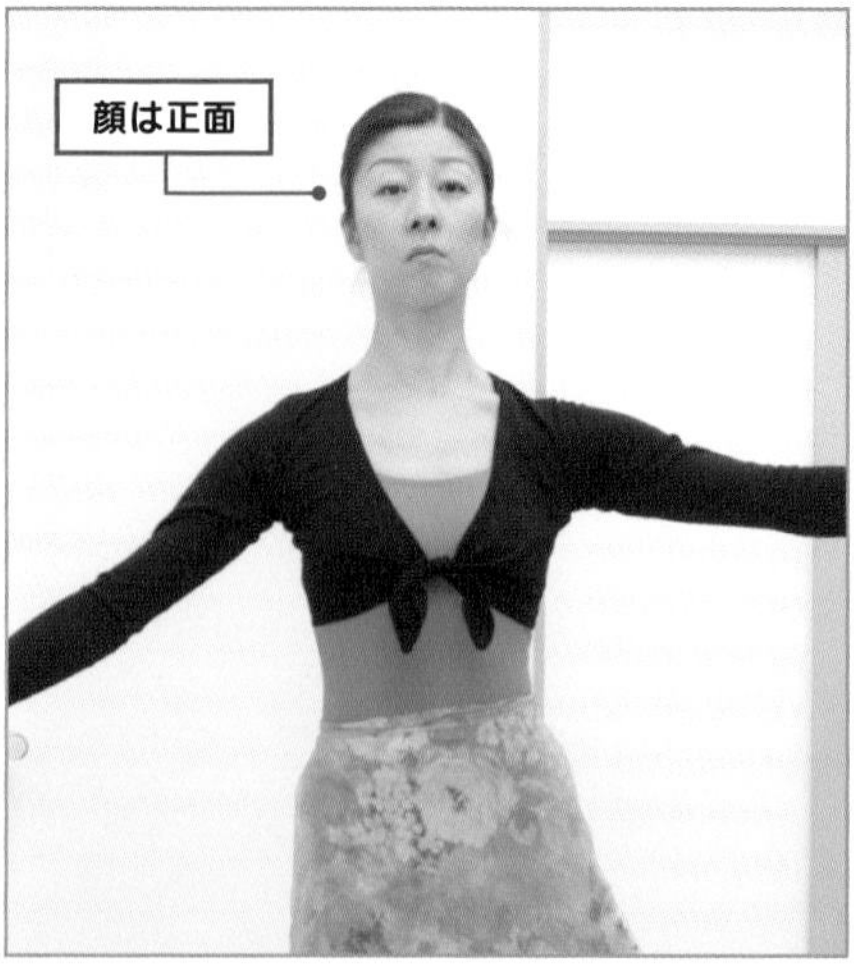

前ページのワンランクアップで述べた通り、前と後ろに足を出す場合には、顔はナナメ前へ向ける。しかし、横に足を出す場合には、顔は正面のまま行うのが基本。目線がさがったり、アゴがあがりすぎてしまわないよう、目線をまっすぐに保とう。首を長くするイメージで正面を向く。

CHECK POINT ②

前5番からでも後ろ5番からでも同じ位置

横のジュテは、前5番（動作足が前に入っている5番のこと）と後ろ5番（動作足が後ろに入っている5番のこと）から行う場合のいずれも、足を回さないで同じ場所に出るように気をつけたい。

[後ろ] 足のポジション●5番からスタート

前、横と同様に、そのままさらに足を出し、床から離れたところで、ツマ先を伸ばす。

ツマ先から床をこするようドゥミ・ポアントを通って、後ろに足を出す。

横のジュテの最後で、動作足を後ろに入れて、後ろ5番にし、後ろのジュテをする。

ワンランクアップ

前、横、後ろいずれのジュテも、足を戻す際には、かならずタンデュを通る。動き始めから5番に戻すところまでの過程を丁寧に行うことで、流れのある美しい動きになる。そのため、タンデュのポイント(ポイント10)をしっかりとおさえ、きれいなジュテを習得したい。

CHECK POINT ③

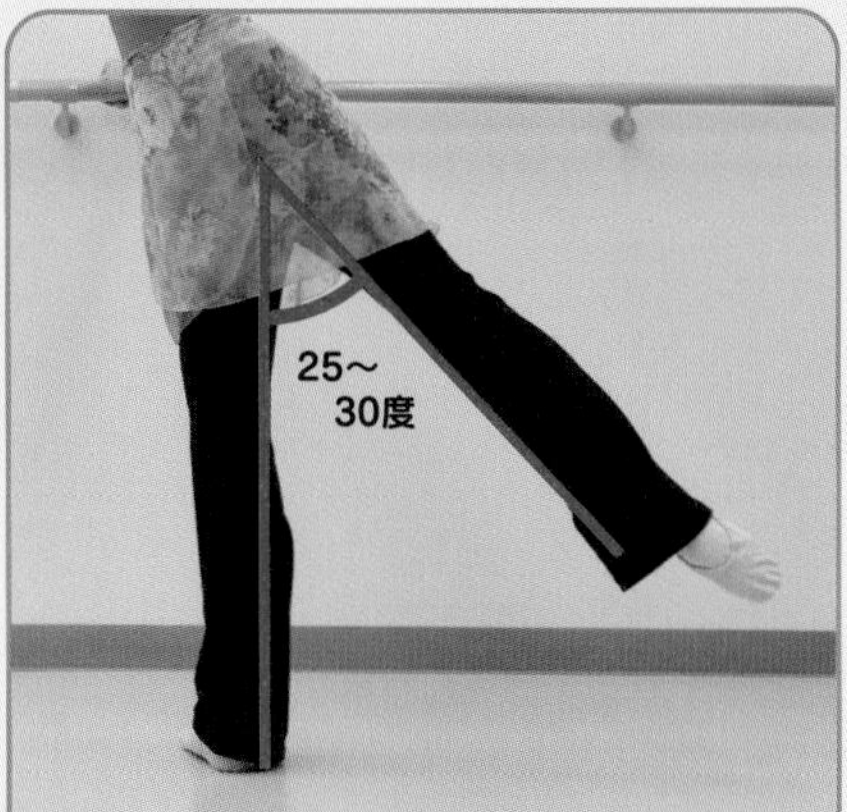

足は25～30度あげる

ジュテの足は、軸足を0度と考えて、25～30度の高さにあげるのが基本。ジュテでは、それ以上に高くあげる必要はない。基本姿勢を正しくとると美しく見える。

POINT 12

ロンド・ジャンブ・ア・テール

足の付け根から動かし半円を描く

足のポジション◆1番、または5番からスタート

ツマ先で半円を描くように動かす動き。ア・テールは床に円を描きます。骨盤は動かさず、足の付け根から先を動かします。

CHECK POINT

①骨盤は位置を保ったまま、足の付け根から動かす
②軸足はしっかりと床をとらえ、動かさない
③ツマ先で半円を描くイメージを持つ

骨盤は動かさず付け根から動かす

ロンド・ジャンブ・ア・テールとは、伸ばした足のツマ先で半円を描くように動かす動きを指します。この動きには、アン・ドゥオール（外回し）とアン・ドゥダン（内回し）があり、レッスンでは1曲の中で続けて行われます。

アン・ドゥオールは、前から横、後ろ、を通って、1番を通る動き、アン・ドゥダンは後ろから横、前、1番を通る動きになります。

基本姿勢を崩さず、自分の足がコンパスになったとイメージして、ツマ先で円を描きます。その際、骨盤が動いてしまいがちなので、足の付け根から先だけを動かすのがポイント。そのためには、軸足でしっかりと床を押し、その足に重心をのせるようにします。

［アン・ドゥオール］足のポジション●1番、または5番からスタート

1番または5番から前にタンデュをする。タンデュの基本にならって、足を出す。

前のタンデュから、ツマ先で弧を描きながら横のタンデュの位置に動かす。

同様に、ツマ先で弧を描くようにして、後ろのタンデュの位置に動かす。その後、1番に戻る。

ワンランクアップ

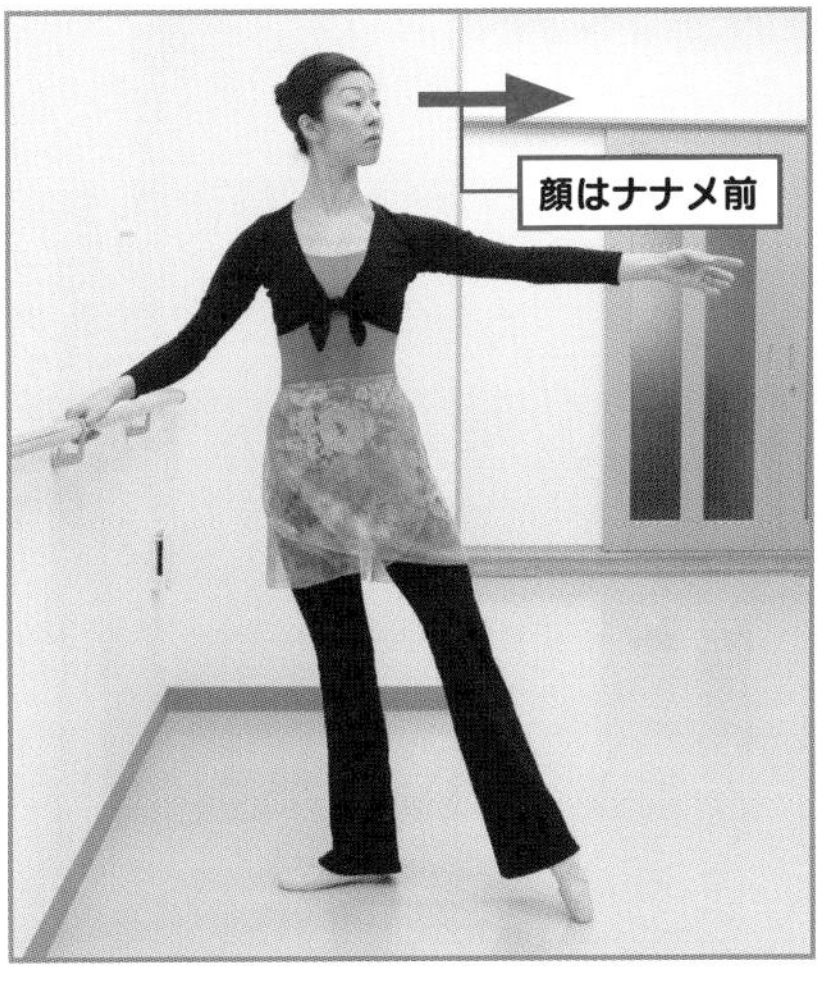

足を出す方向によって顔の位置は変わる。ロンド・ジャンブの場合、顔の位置はナナメ前に保ったままで、前タンデュのときは上体を少しだけ後ろに倒し、後ろタンデュのときは横に出した手を前からのぞき込む。足の動きに合わせて自然に上半身を動かそう。

CHECK POINT ①

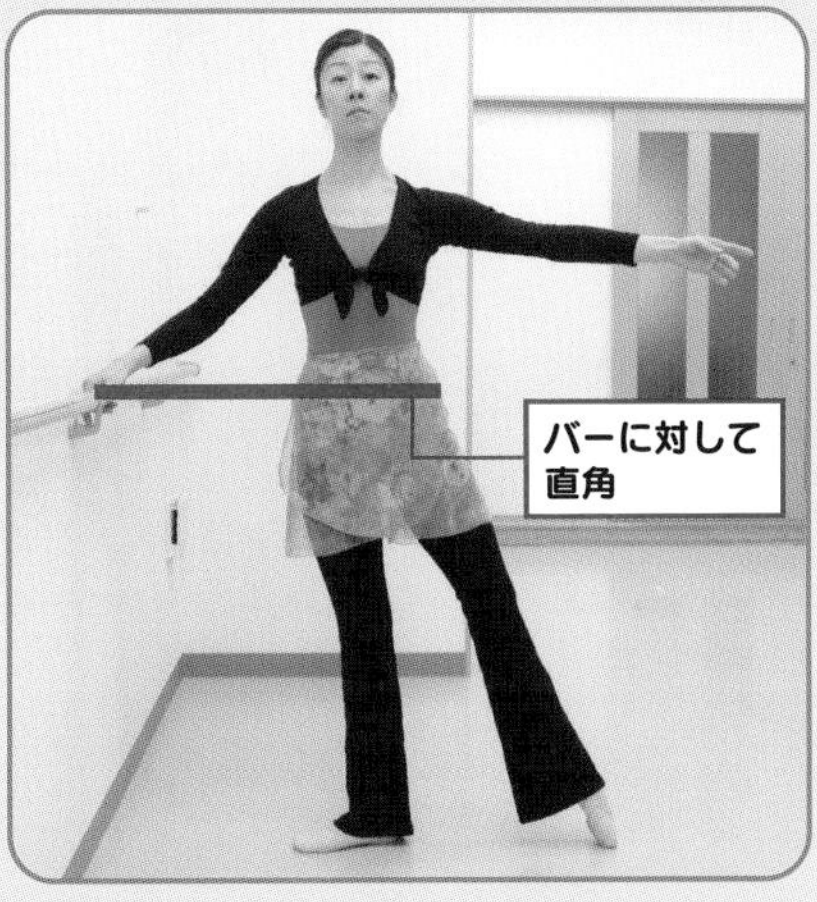

腰は動かさず、足を付け根から動かす

骨盤は前後左右にゆれないようにバーに対して直角に保ち、大きく円を描く。特に早いテンポで足を動かそうとすると、骨盤が揺れて、体の軸が動きやすいので、足の付け根から先だけを動かす。

［アン・ドゥダン］足のポジション● 1番、または5番からスタート

横のタンデュの位置から、前のタンデュの位置に足を動かし、1番の足に戻る。

ツマ先で弧を描くようにして、後ろから横のタンデュの位置に動かす。

次に、反対周りに足を動かす。まずは、後ろのタンデュの位置に足を出す。

ココに注意！

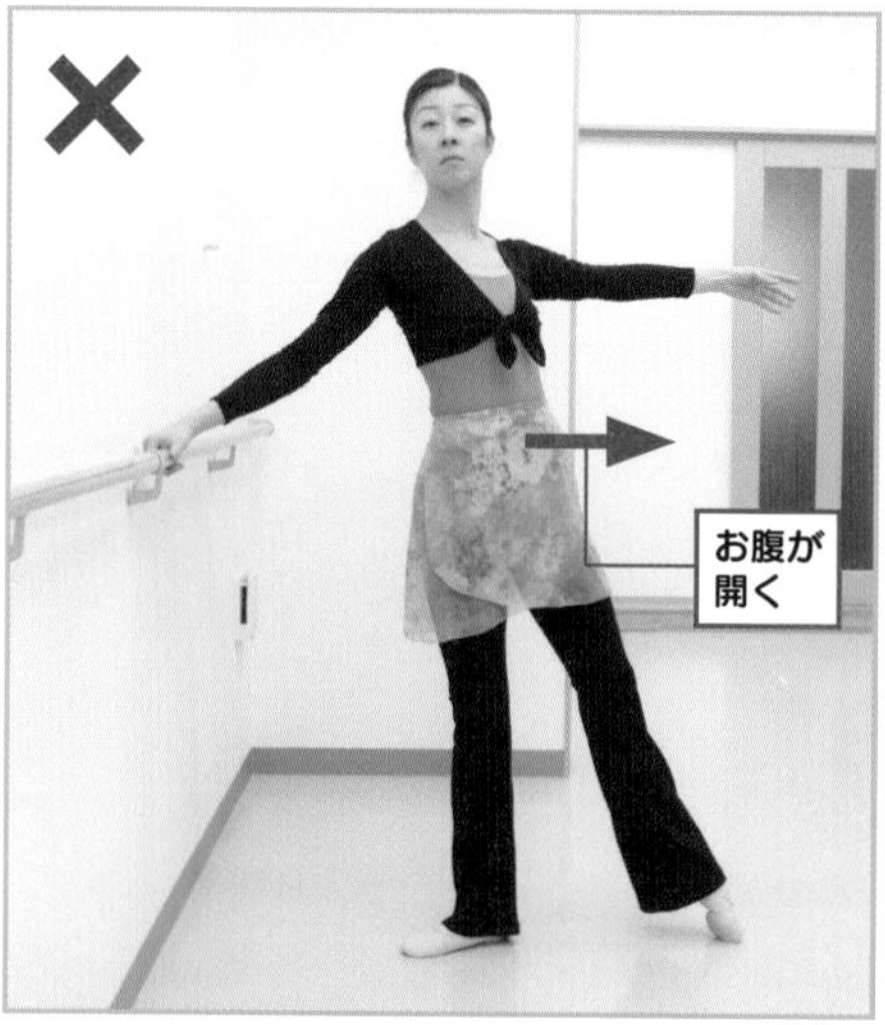

足の付け根から足を動かさないと、写真のように腰が前後左右に動いて、お腹が開いてしまう。足につられて体が動いてしまうために、写真のような動きが出てしまう。骨盤は動かさずに、軸足でしっかりと床を押し、重心を保ちながら、ツマ先で大きな円を描く。

CHECK POINT ②

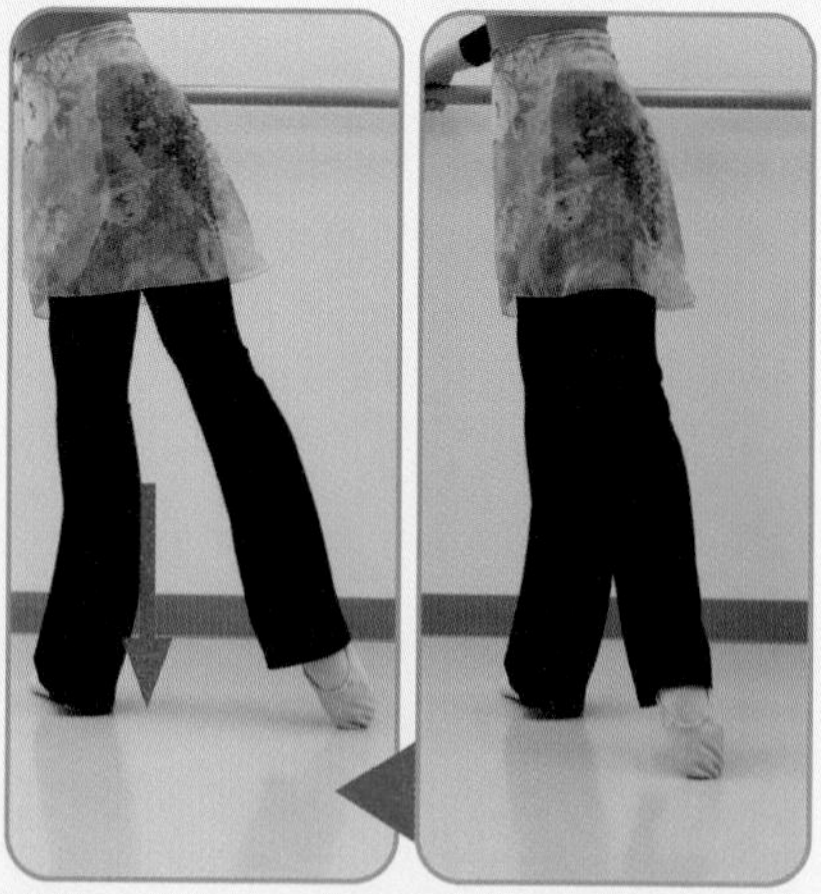

軸足は床をしっかり押して動かさない

円を描くことによって、骨盤や軸足が動きやすいので、軸足の足の裏で、床をしっかりと押すことが大切。バランスは軸足に置いて、回す足に体重はかけずに動かしやすくする。

CHECK POINT ③

アン・ドゥダンの足の動かし方

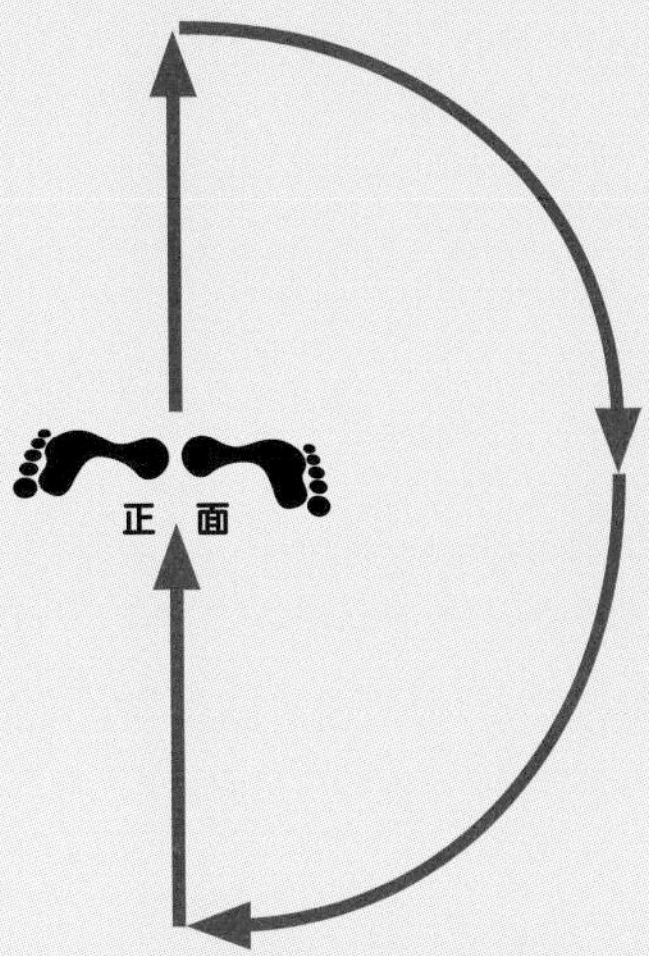

アン・ドゥダンは、アン・ドゥオールと反対回り。1番から後ろ、横、前の順で半円を描き、1番に戻る動き。

アン・ドゥオールの足の動かし方

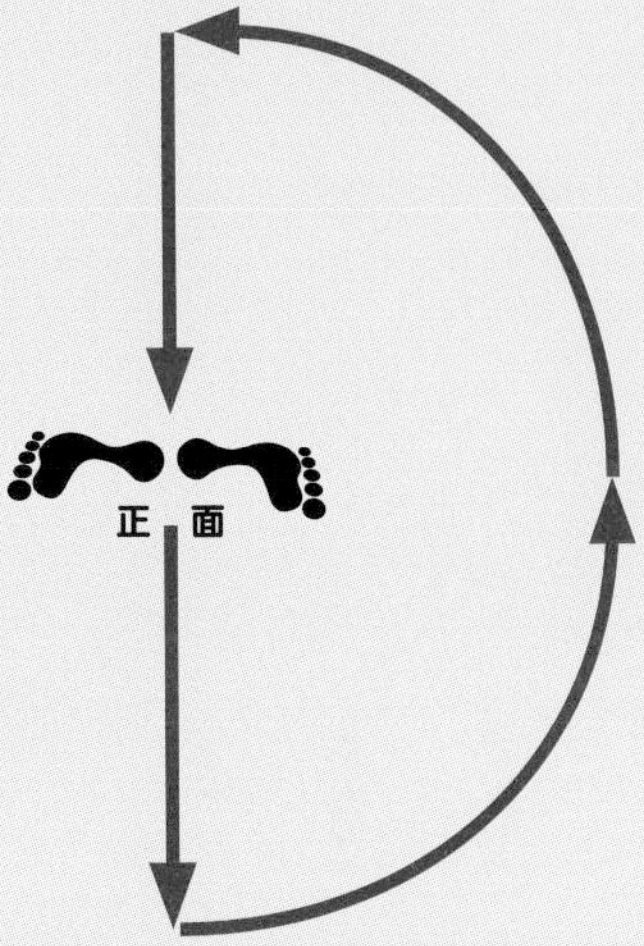

アン・ドゥオールは、上の図のように、1番から前、横、後ろという順で半円を描いて1番に戻る動きをいう。

ココに注意！

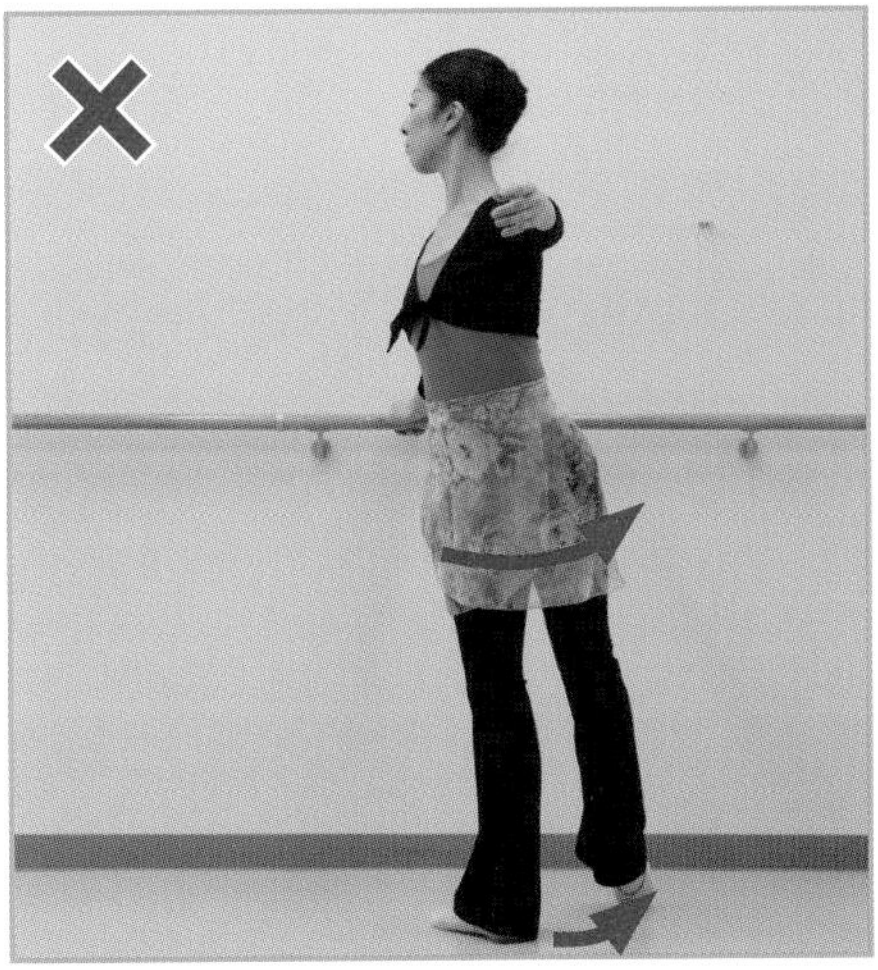

足を後ろに動かした場合も、前と同様に、内側に入入ってしまうと、腰の位置が動いてしまう。半円も美しく描けないので、後ろも、タンデュの位置以上に入れないよう注意。特にテンポの早い動きでは、勢いあまって内側に入りやすいのでよりいっそう気をつけよう。

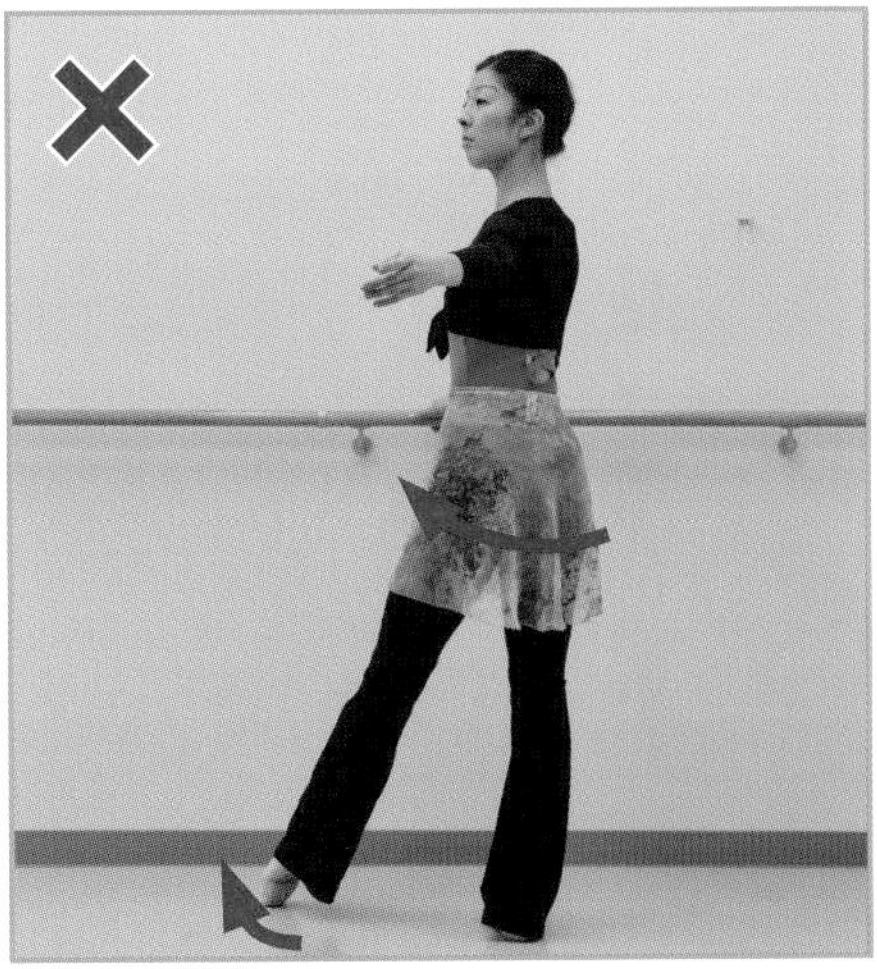

ロンド・ジャンブ・アテールは、ツマ先で大きな半円を描く動き。しかし、大きく動こうとするあまり、写真のように足を内側（バーに近い側）に入れすぎてしまう間違いも多い。前のタンデュの位置を確認しながら行おう。また、内側に入りすぎることによって、腰が動いてしまわないように。

POINT 13

ゆったりとした動作で両足を同時に伸ばす

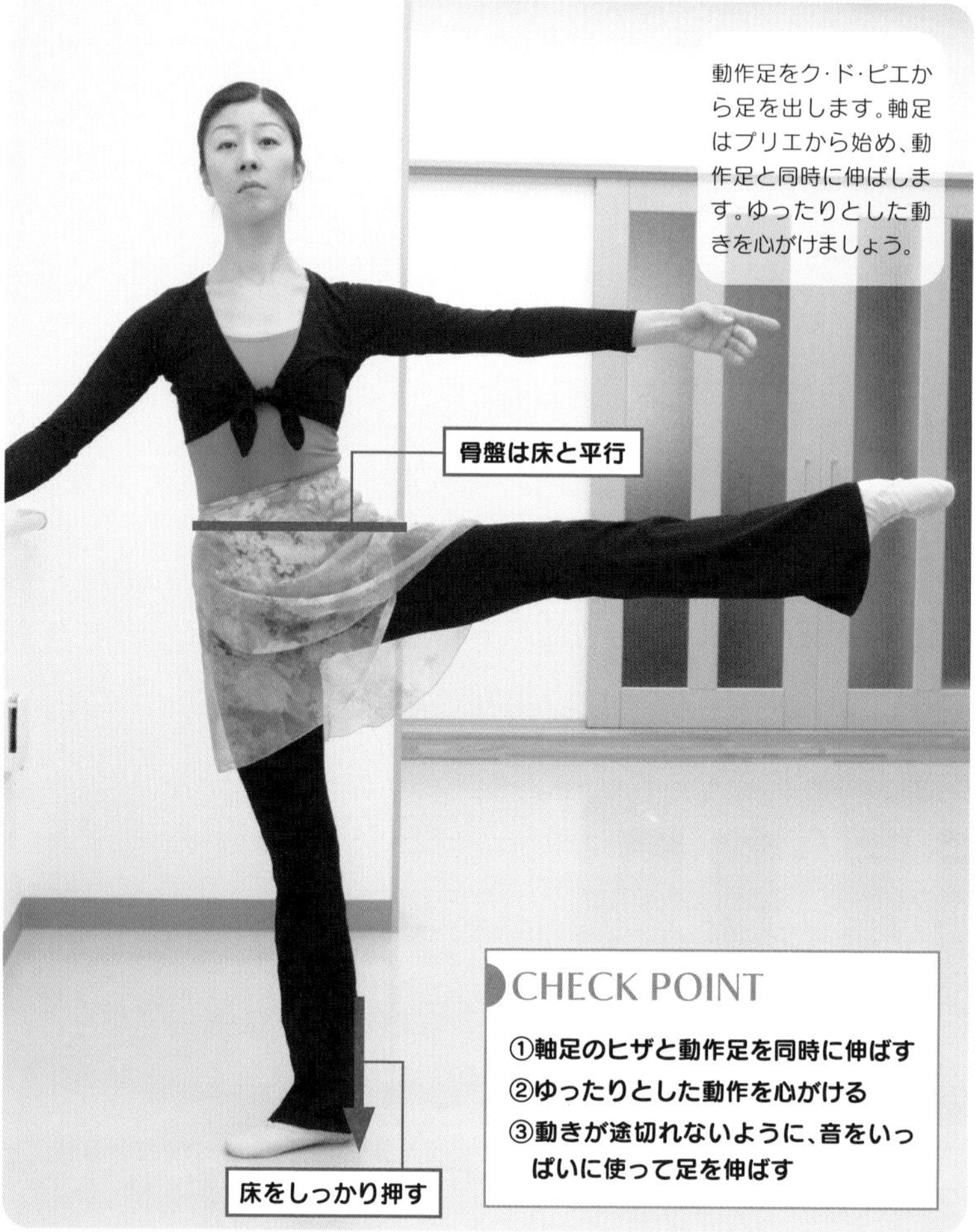
動作足をク・ド・ピエから足を出します。軸足はプリエから始め、動作足と同時に伸ばします。ゆったりとした動きを心がけましょう。
骨盤は床と平行
床をしっかり押す

CHECK POINT

①軸足のヒザと動作足を同時に伸ばす
②ゆったりとした動作を心がける
③動きが途切れないように、音をいっぱいに使って足を伸ばす

動作が途切れないよう両ヒザを同時に伸ばす

軸足はプリエ、動作足（動かす足）はク・ド・ピエ（レッスン18）から前横後ろ、いずれかの方向に出します。そのときに、両足をやわらかく同時に伸ばします。この動きをフォンデュと呼びます。

フォンデュとは、「溶ける」という意味があります。動きも当然、まるでチーズが溶けるように、なめらかにゆったりと動かすことが大切となります。

足をあげる動作が入るため、高くあげようと意識しがちですが、この動きではいかになめらかに動けるかが重要です。足の高さよりも、動きが途切れないように、音を使いながら全身を動かしましょう。また、軸足のヒザを先に伸ばしてしまいがちなので、両足のヒザが同時に伸びるように、足の動きを調整することも大切です。

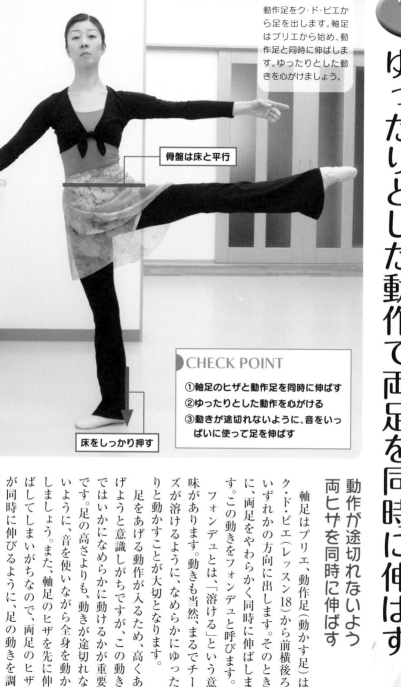

動作足を前のク・ド・ピエに、軸足をドゥミ・プリエして始める。

アティテュード(上げた足のヒザを曲げるポーズ)を通過する。このとき、軸足はプリエのまま。

動作足のヒザをアン・ドゥオールしながら伸ばし、前にあげると同時に、軸足のヒザも伸ばす。

ワンランクアップ

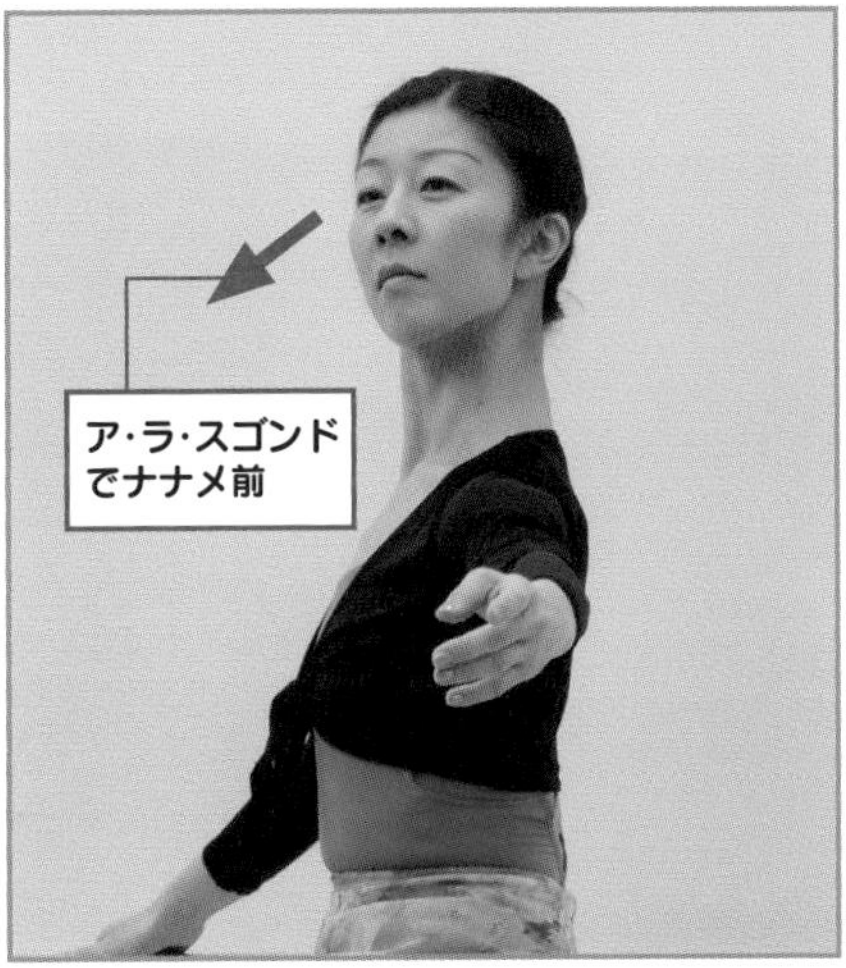

腕はアン・バーからアン・ナヴァン、そしてア・ラ・スゴンドへ、足の動きとともに動かす。顔は、それにともなって、アン・バーからアン・ナヴァンでは手の先を覗き込むように見て、ア・ラ・スゴンドでナナメ前を向く。腕もしなやかに途切れないように動かすと、より美しく見える。

CHECK POINT ①

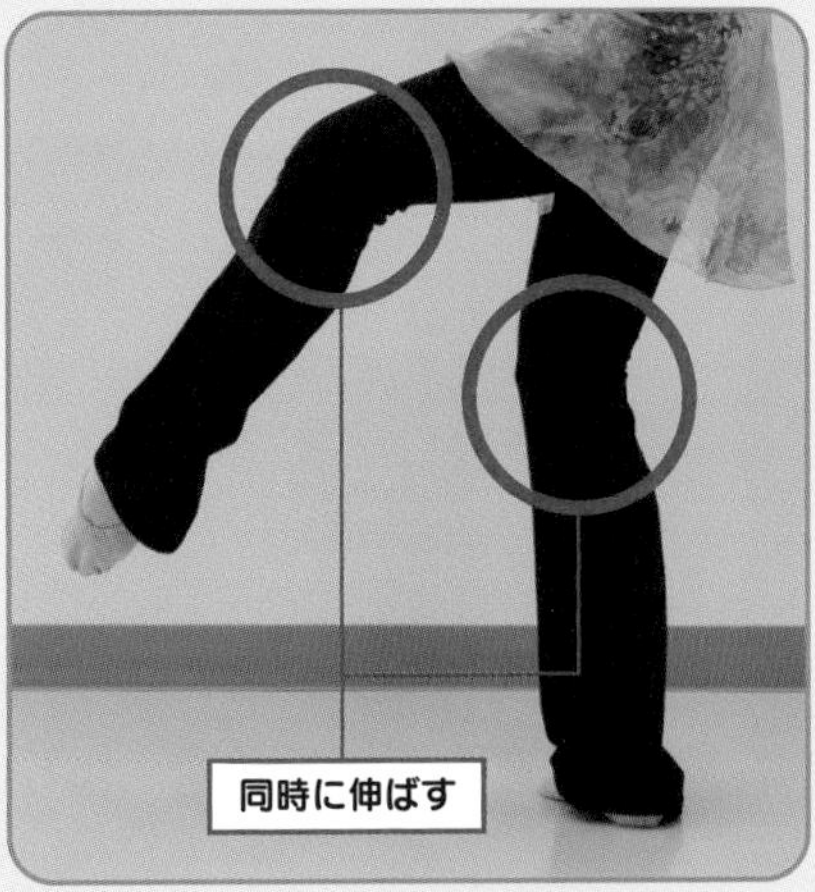

両足同時にヒザを伸ばす

フォンデュでは、両足を同時に伸ばすことが最大のポイント。軸足のヒザが先に伸びてしまいがちなので、途中のアティテュードのときに、軸足がプリエしていることを心がけたい。

[横] 足のポジション● 5番からスタート

両足が同時に伸びるように意識しながら、アン・ドゥオールしてヒザを伸ばす。ク・ド・ピエに戻る。

前同様に、音に合わせてゆっくりとアティチュードを通過しながら、動作足を横にあげる。

前のフォンデュでク・ド・ピエに戻し、そこから横のフォンデュを始める。

ココに注意！

横に足をあげるときは、軸足でしっかりと床を押し、骨盤が床と垂直になるように意識する。上の写真のように、体がバー側へ倒れてしまうと、横の足はアン・ドゥダン(内回りという意味だが、ここでは足が内側に回っているという意味で使う)になりやすいので気をつけよう。

CHECK POINT ②

ゆったりとしなやかな動きを意識

フォンデュでは、ゆったりととろけるように動くこと。手、足、顔を同時に動かすので、1つ1つを丁寧に行いつつ、全身のコーディネーションを考えて、音に合わせて優雅にしなやかに動こう。

同様に、アン・ドゥオールしながら両足を同時に伸ばし、アラベスクになる。

後ろにあげる足も、アティテュードを通過する。このとき、軸足はまだプリエのまま。

横のフォンデュの最後は、後ろのク・ド・ピエにして、そこから後ろを始める。

ココに注意！

後ろのフォンデュでは、アティテュード（あげた足のヒザを曲げるポーズ）を通る。写真のようにヒザが下を向いてしまうことがあるので、お腹をひらくのではなく、足の付け根からアン・ドゥオールをしてヒザを外に向けよう。

CHECK POINT ③

なめらかに、途切れずに動く

フォンデュでは、動きに集中するだけでなく、音をよく聞いて合わせて動くことを意識したい。音があまって待つことのないよう、音いっぱいを使って動こう。

POINT 14

床をノックするように打って伸ばす

フラッペ

足のポジション◆5番からスタート

足の指先で床をノックするように打ってから出す動きです。プレパレーションで、フレックスのク・ド・ピエになり、そこからスタートします。
CHECK POINT
①足の指先を使って、床をノックしてから伸ばす
②プレパレーションでは、くるぶしの上にフレックス
③足を蹴りあげないようにツマ先を床方向に伸ばす
ヒザは横向き

フレックスから床をツマ先でノックする

フラッペは、「叩く、打つ」の意味を持つ言葉です。

プレパレーションで動作足を横のタンデュからフレックス（足首を直角に曲げた状態）のク・ド・ピエ（ポイント18）に持ってきます。くるぶしの上を目安に、足を用意しましょう。

そこから、ツマ先で床をノックするように出します。

床を打つことに意識がとらわれすぎると、足を蹴りあげてしまうので、ツマ先は床方向へ伸ばしましょう。フラッペする足はタンデュの延長線上に伸ばし、ジュテと同様にツマ先をピンと伸ばします。

床をノックする位置が遠すぎると、腰が動いてしまうので、軸足の近くでノックするのがベストです。

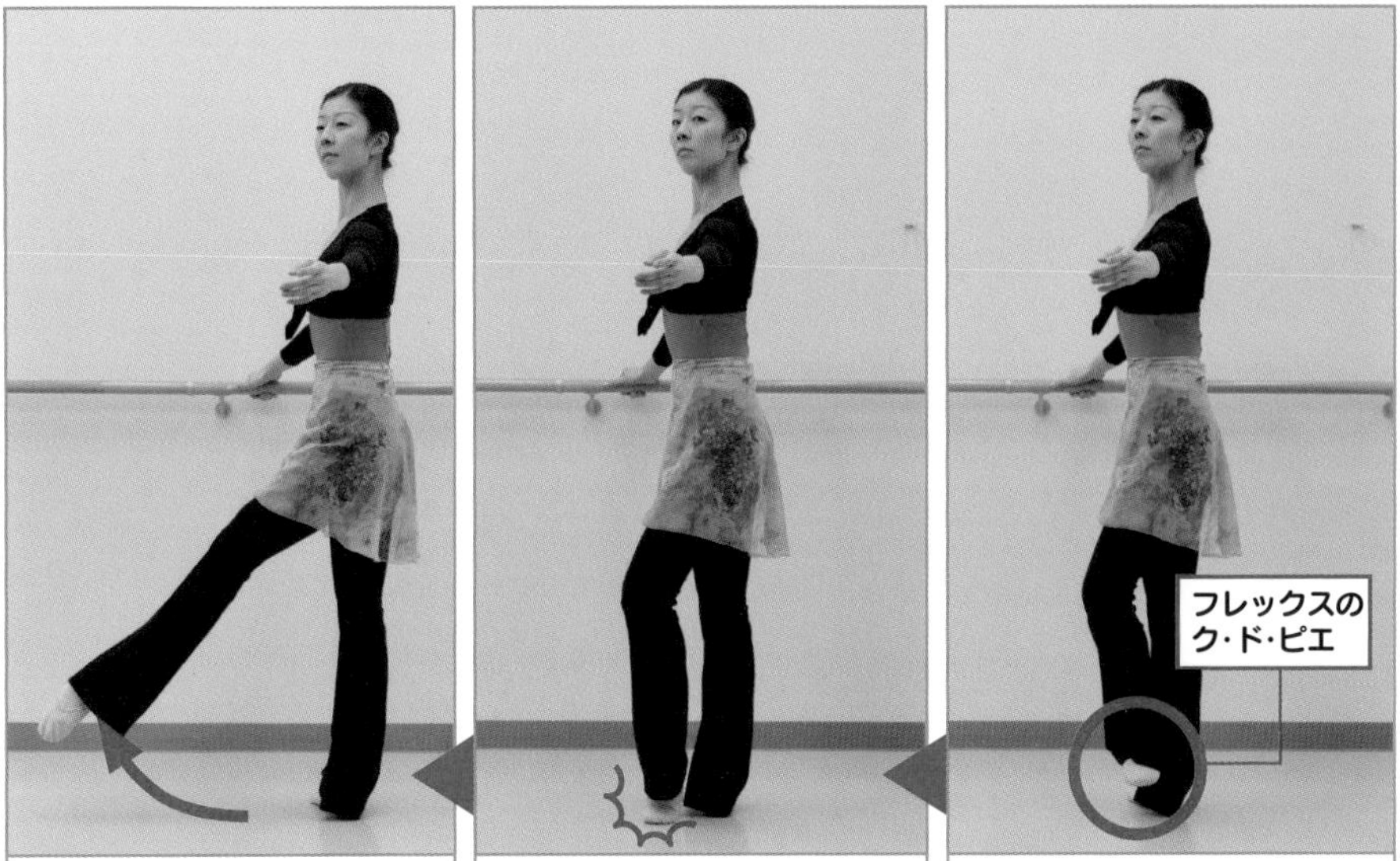

床をノックした後は、さらに出して、ジュテと同じ位置に伸ばす。

動作足の指先で床をノックするように蹴る。軸足の近くで蹴ること。

横のタンデュから、動作足をフレックスして、前のク・ド・ピエにする。

ココに注意！

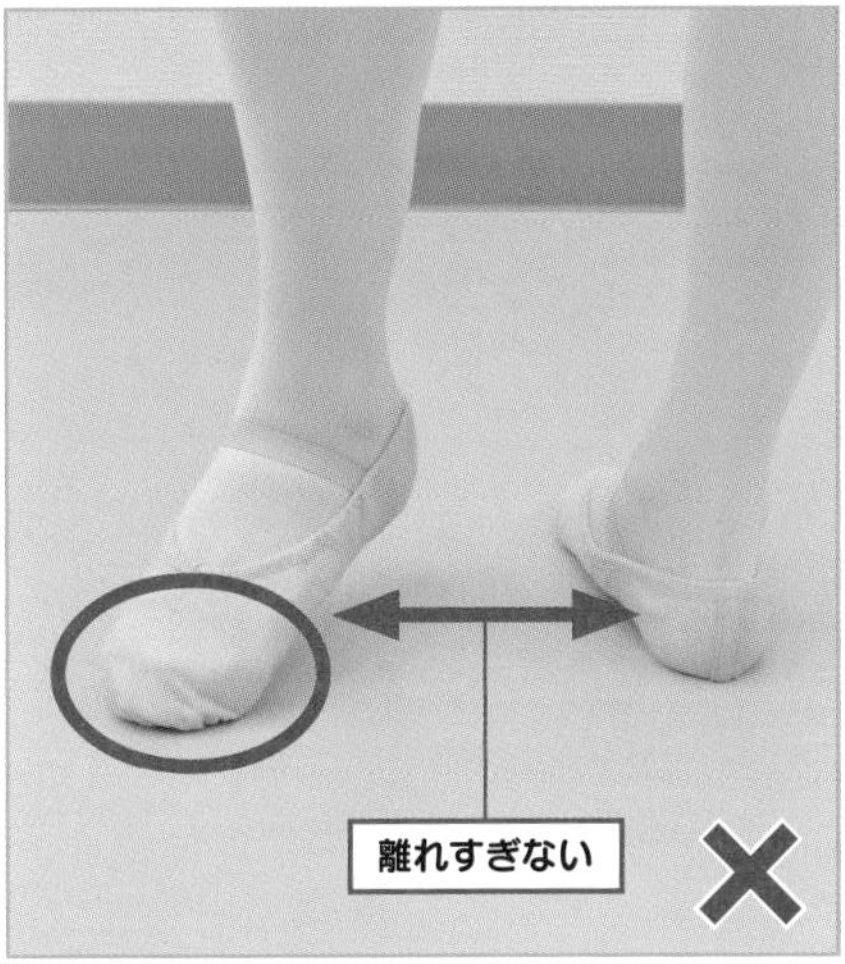

足首を曲げているため、写真のように指先が内側に丸まりやすいので、指先の力を抜くことを意識しよう。また、床をノックする場所は、軸足に近い位置がベスト。離れすぎてしまうと的確に床をノックできなくなってしまうので、軸足近くの床をノックすること。

CHECK POINT ①

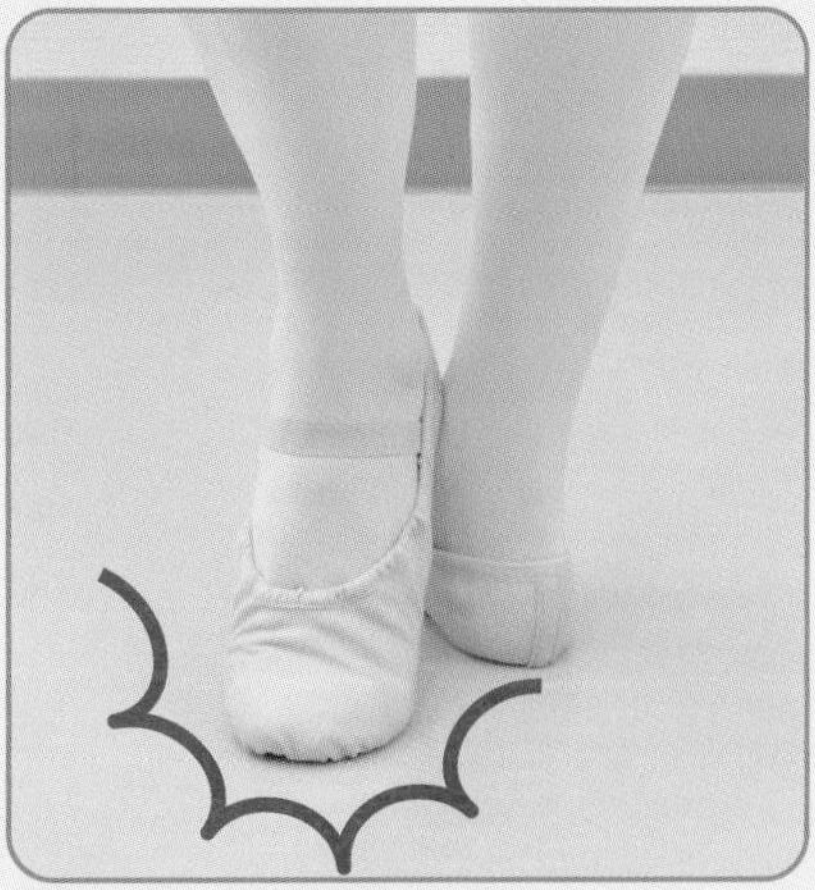

足の指先で床をノックする

指先だけを使って、床をノックするように蹴るのが最大のポイント。ノックする場所は、軸足に近い位置を心がけ、足首は曲げたまま、指先を折り曲げて蹴る。

[横] 足のポジション● 5番からスタート

足をさらに出して、横のジュテの位置に伸ばす。フレックスして、後ろのク・ド・ピエにする。

前と同様に、軸足近くで床をノックするようにける。指先の裏を使うこと。

前のフラッペが終わったら、フレックスして前のク・ド・ピエに戻し、横のフラッペに入る。

ココに注意!

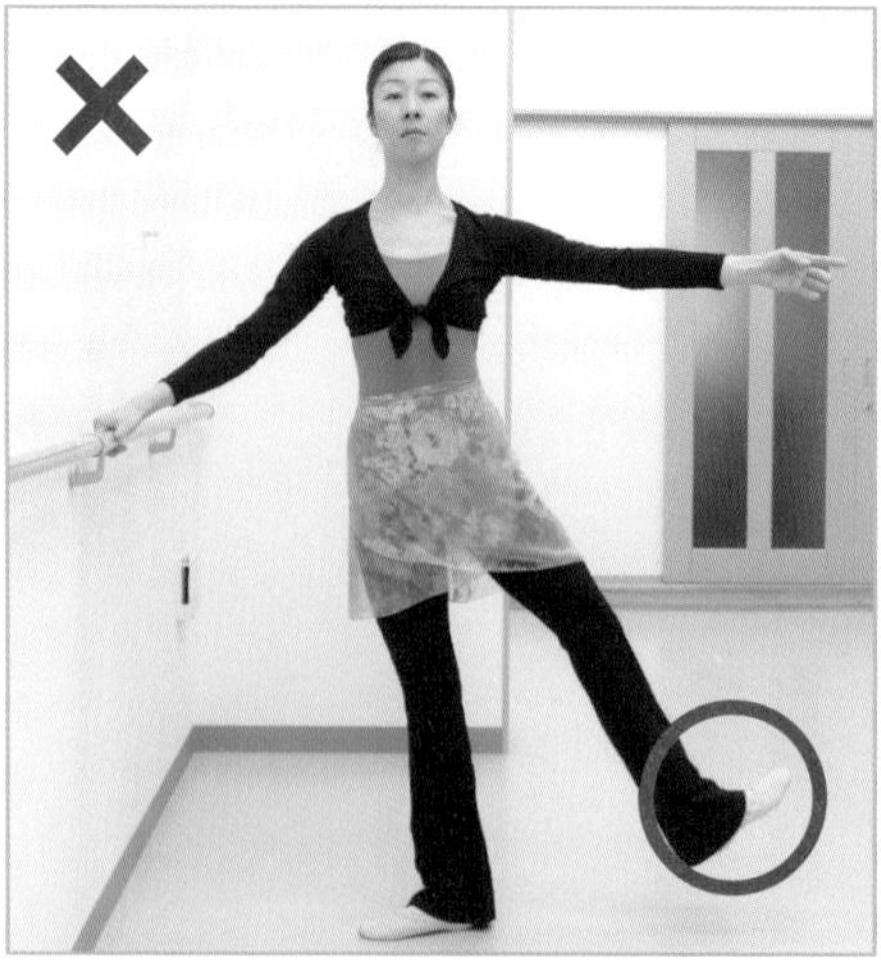

床をノックすることに気をとられすぎると、ジュテの位置に足を伸ばしたときに足が写真のようにフレックスのままになりがちだ。床をノックした瞬間にツマ先を伸ばすよう意識するとツマ先を伸ばしやすい。前も後ろも同様で、ツマ先は床に向かってしっかり伸ばす。

CHECK POINT ②

プレパレーションで足をフレックスに

プレパレーションは、写真左のように横にタンデュした後に、フレックスして、前のク・ド・ピエ(左写真)にする。腕は、タンデュでアン・ナヴァン、フレックスのク・ド・ピエでア・ラ・スゴンドに。

[後ろ] 足のポジション●5番からスタート

足を出して、後ろのジュテの位置に足を伸ばす。後ろのフレックスしたク・ド・ピエに戻る。

前、横同様に軸足のに近い場所で、指先を使って床をノックするように蹴る。

横のフラッペの最後に、後ろのフレックスしたク・ド・ピエにして、後ろフラッペを始める。

ココに注意！

プレパレーションでク・ド・ピエにした際に、カカトが軸足の内側に入ったり、足首ではなくスネに動作足のカカトを持ってきてしまわないように注意しよう。ク・ド・ピエの正しい位置は、ポイント18で紹介するので、その位置をふまえた上で、足をフレックスにする。

CHECK POINT ③

ツマ先は床に向かって伸ばす

床をノックすることにとらわれると、足を蹴りあげたり、カマ足になってしまう。そうならないためには、床から離れた瞬間に、ツマ先は床方向へ伸ばすことを意識しよう。

POINT 15

ロンド・ジャンブ・アン・レール

足のポジション◆5番からスタート

モモからヒザは動かさず、ヒザ下で円を描く

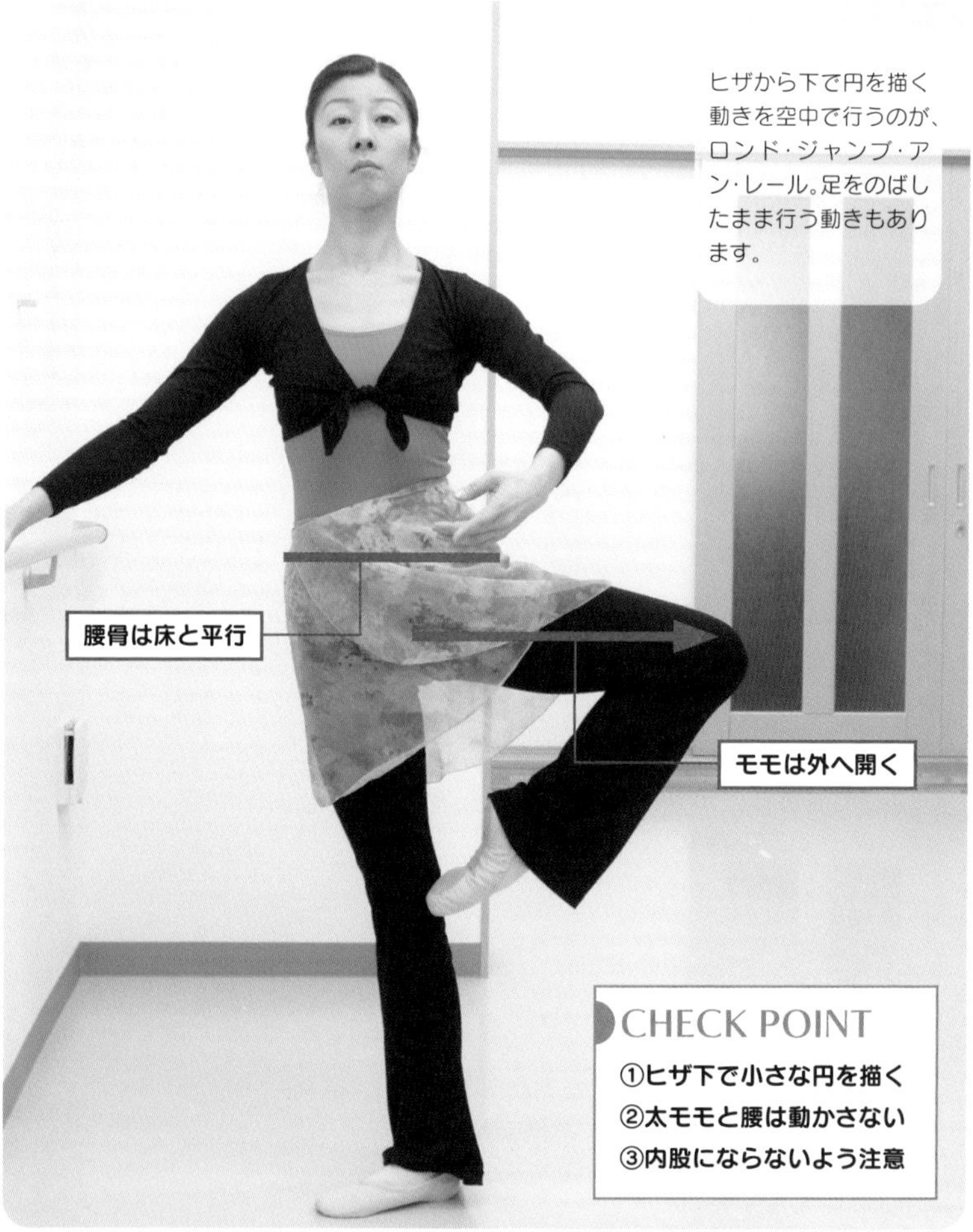
腰骨は床と平行
モモは外へ開く
CHECK POINT
①ヒザ下で小さな円を描く
②太モモと腰は動かさない
③内股にならないよう注意

ヒザから下で円を描く動きを空中で行うのが、ロンド・ジャンブ・アン・レール。足をのばしたまま行う動きもあります。

ヒザ下のみを使って円を描くように動かす

ポイント12のロンド・ジャンブを空中（アン・レール）で行う動き。足を体の横にあげ、ヒザから下を使って小さな円を描く動きと、足を伸ばしたまま空中で半円を描く動きがあります。

ヒザ下で円を描く場合には、ルティレ（片足のヒザを曲げてツマ先をもう一方の足のヒザにつける）の位置を中心に後ろから前へ回すアン・ドゥオール（外回り）と、前から後ろへ回すアン・ドゥダン（内回り）があります。いずれもヒザから下だけを使って円を描きます。

このとき、太モモや腰、上体を動かさずに、小さな円を描くイメージで行いましょう。

また、円を描くことに意識がいきすぎると、ツマ先が内股になりがちなので、注意しましょう。

プレパレーションから、足を横にあげ、腕はア・ラ・スゴンドにする。

後ろルティレを意識しながら、軸足のヒザのすぐ近くにツマ先を持ってくる。

ツマ先で軽くヒザの内側を触り、前へ回すように意識しながら、足を再度横にあげる。

ワンランクアップ

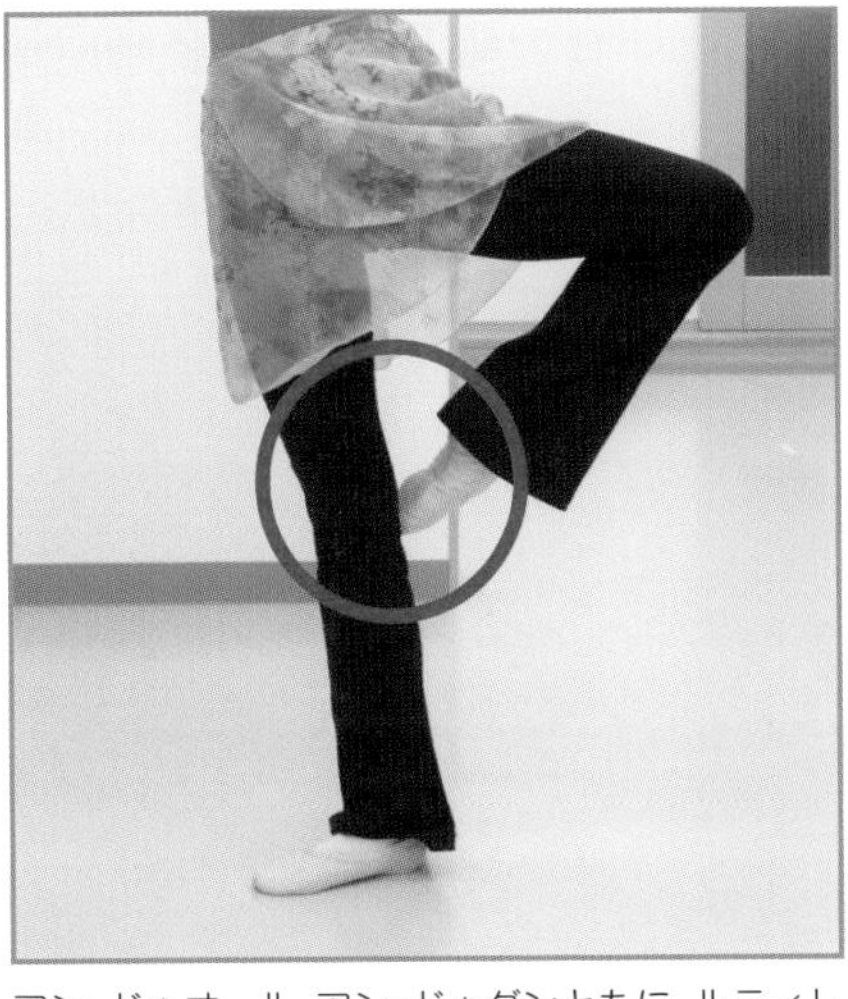

アン・ドゥオール、アン・ドゥダンともに、ルティレを通って、再び足を横にあげる。このルティレの位置がずれていると、動き全体が美しく見えないため、ルティレの位置も再度確認しよう。ルティレは、あげた足のヒザを曲げ、軸足のヒザ辺りにツマ先をつける。

CHECK POINT ①

ヒザから下を使って円を描く

ヒザ下で円を描くことをイメージしながら、ツマ先を動かそう。アン・ドゥオールは、後ろから前へ回し、アン・ドゥダンは前から後ろへ回す。大きく円を描くと、腰や上体が動いてしまうので気をつけよう。

［アン・ドゥダン］足のポジション● 5番からスタート

ツマ先で軽くヒザの内側に触り、後ろへ回して再び横にあげる。ヒザはしっかり伸ばす。

前ルティレを意識しながら、ツマ先をヒザの近くへ。ヒザから下のみを動かすように。

アン・ドゥオールと同様に、足を横にあげた位置からスタートする。

CHECK POINT ③

内股にならないこと

ヒザも一緒に動かしてしまうと、足を回したときに内股になってしまいやすいので注意。美しく見せるためには、ヒザから上は固定することが大切だ。

CHECK POINT ②

太モモや腰はキープしたまま行う

動かすのは、あくまでも動作足（横にあげた足）のヒザから下のみ。動作足の太モモ、そして腰は動かさないように気をつける。写真左は、腰が動いてしまい、バー側に上体が倒れてしまっている。

[足を伸ばしたまま行う場合] 足のポジション●5番からスタート

アン・ドゥオールの場合、軸足にしっかりと体重を乗せ、動作足を5番の足から前にあげる。

前にあげた足をおろさず、そのまま横まで動かす。お尻があがらないように注意しよう。

さらに、軸足で床をしっかり押しながら足をおろさずに、後ろまで動かす。

ワンランクアップ

上は、アン・ドゥダンの場合の動かし方。後ろにあげた足(アラベスクのポーズ)から、横を通って前へと足を回す。足を横に動かす際に、カカトをすぐに前に向け、骨盤を床と垂直に戻し、基本姿勢に戻ることを忘れずに。また、回している間に、足が上下しないように気をつけよう。

上の写真はアン・ドゥオールの場合の動かし方を矢印で描いている。ロンド・ジャンブ・アテールと同じで、前から横を通って後ろに回す動きをアン・ドゥオールと呼び、写真のように動かす。軸足に体重を乗せ、前から横は腰から上が動かないよう意識しよう。後ろは、胸をナナメ上に。少し上体を倒す。

POINT 16

デヴェロッペ

足のポジション◆5番からスタート

前横は骨盤を床と垂直に、後ろは胸をナナメ上に向ける

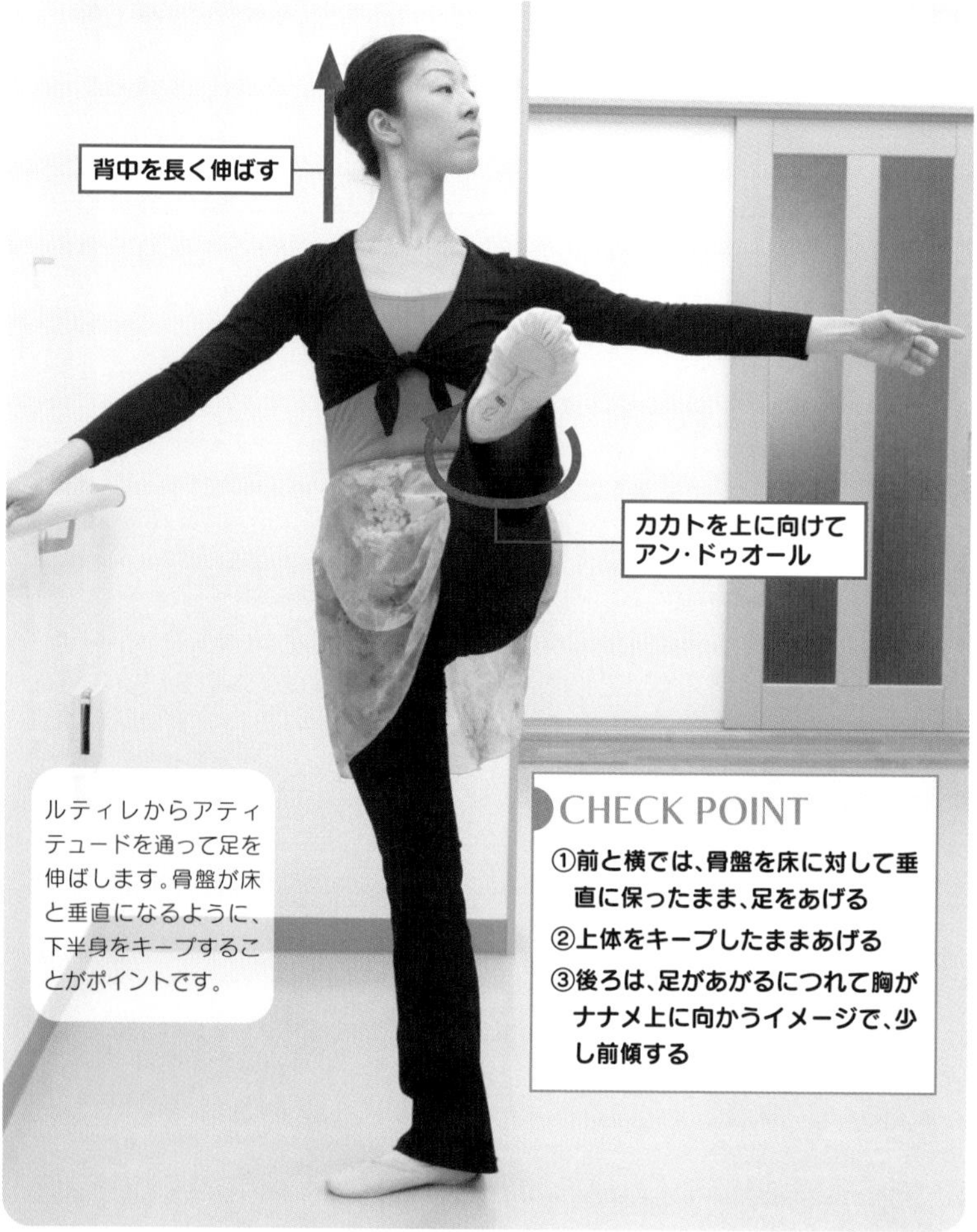

ルティレからアティテュードを通って足を伸ばします。骨盤が床と垂直になるように、下半身をキープすることがポイントです。

CHECK POINT

①前と横では、骨盤を床に対して垂直に保ったまま、足をあげる

②上体をキープしたままあげる

③後ろは、足があがるにつれて胸がナナメ上に向かうイメージで、少し前傾する

前横は腰を動かさない
後ろは胸を上にあげる

デヴェロッペは、ルティレからアティテュード（片足で立ち、もう一方の足をあげてヒザを曲げるポーズのこと）を通って、ゆっくりと足を伸ばしていく動きをいいます。

前と横にあげる場合には、骨盤を床と垂直に保ち、足のみを付け根からあげます。後ろは、足があがるにつれて胸がナナメ上に向かうイメージであげます。

いずれもアティテュードであげたヒザよりもツマ先が高くなるように意識しましょう。

フォンデュ（ポイント13）では、軸足のヒザも曲げ、同時に伸ばすのに対して、このデヴェロッペでは軸足は伸ばしたまま行います。

あげた足のヒザをアン・ドゥオールしながらゆっくりと伸ばす。上体は基本姿勢をキープ。

ヒザをさらにあげ、前のアティテュードにする。腕は、ア・ラ・スゴンドへ開き始める。

ク・ド・ピエを通ってルティレ。腕は足と連動して、アン・バーからアン・ナヴァンへと動かす。

ワンランクアップ

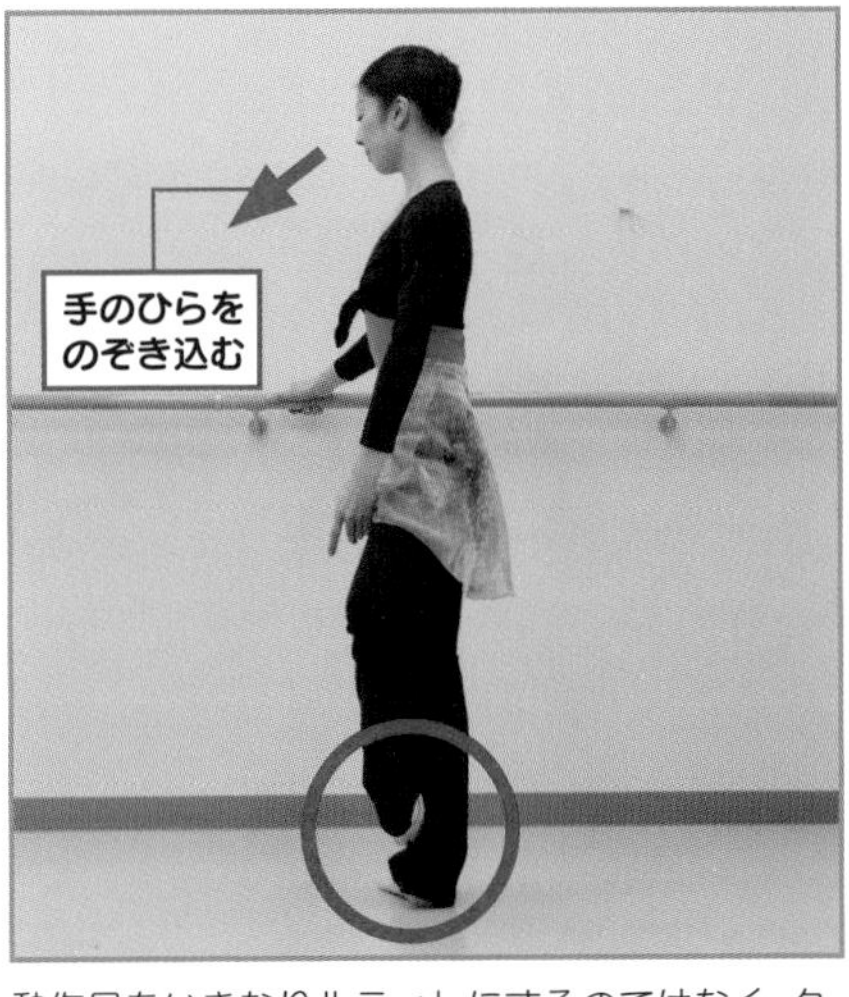

動作足をいきなりルティレにするのではなく、ク・ド・ピエを通って、軸足にツマ先が沿うようにしてルティレにする。写真のように足がク・ド・ピエの位置にあるときは、腕はアン・バーで顔は手のひらをのぞきこむようにして、足があがるとともに、腕と顔をあげる。

CHECK POINT ①

骨盤は床と垂直のまま足をあげる

足をあげる際には、軸足でしっかりと床を押し、上体をキープする。前と横のデヴェロッペは、骨盤が動きやすいので、つねに床と垂直になるように意識しよう。

[横] 足のポジション●5番からスタート

そのまま、アン・ドゥオールしながらゆっくりとヒザを伸ばして、足をあげる。

ヒザをさらにあげて、横のアティテュード。軸足にしっかりと体重を乗せて行おう。

ク・ド・ピエからルティレに足をあげる。横は、後ろルティレで行う場合もある。

ワンランクアップ

フォンデュ

デベロッペ

ポイント13で紹介したフォンデュとは違う動きになるので、混同しないようにしよう。デヴェロッペ(上写真右)は、軸足のヒザは最初から最後まで伸ばしたままで、ルティレを通過して足をあげる。フォンデュ(上写真左)は、軸足のヒザも曲げ、両ヒザを同時に伸ばす動きだ。

CHECK POINT ②

上体は真っすぐのままキープ

足を横に高くあげようとすると、バー側に体が傾いてしまいがちだが、上体はキープすること。高くあげることよりも、軸足をしっかり押して姿勢を崩さないことを意識。

[後ろ] 足のポジション●5番からスタート

あげた足をアン・ドゥオールしながらゆっくりと伸ばし、アラベスクに。あげた足はそのまま5番におろす。

ヒザをあげて、後ろのアティテュードに。ヒザは外側を向くように意識しよう。

前、横と同様の動きで、ルティレになる。ただし、ク・ド・ピエもルティレも後ろで行う。

ココに注意！

CHECK POINT③の胸をナナメ上へあげる、前へ出すというのは、上体を前に倒すこととは違う。上の写真のように、足と上体が一直線にならないよう、上体からツマ先までの美しいラインを意識する。足をたくさんあげることよりも、まずは正しい姿勢を習得することが大切。

CHECK POINT ③

後ろのデヴェロッペは胸をナナメ上へ

アティテュードから足をあげるときは、足があがるにつれて胸がナナメ上へ向かうイメージで、上体を少しだけ前へ出す。これは、アラベスクなど後ろに足を高くあげるときの共通のポイントでもある。

POINT 17

ボールを蹴りあげるように足を高くあげる

グラン・バットマン

足のポジション◆5番からスタート

足を高く、勢いよくあげる動きです。ボールを蹴りあげるようなイメージで高くあげましょう。おろすときは、コントロールしながらおろします

CHECK POINT

①ボールを蹴りあげるように高く足をあげる

②おろすときは、コントロールしながらおろす

③軸足は強く床を押し、動かさない

勢いよく一気に頂点まで足をあげる

グランとは「大きい」の意味、バットマンは「打つ」こと、つまり大きく足をあげる動きをいいます。グラン・バットマンでは、ボールを蹴りあげるイメージで、一気に頂点まであげます。

あげるときは、勢いよく行いますが、おろしてくるときには、自分でコントロールすることが重要です。勢いのまま、足がドスンと落ちてくるのではなく、「意識的におろす」のです。

そのためには、軸足が大切になります。足裏全体で強く床を押し、軸足を使って足をおろしましょう。

また、高くあげることを意識しすぎて、軸足や上体がぶれてしまったり、軸足のヒザが曲がってしまったりしやすいものです。腹筋を使って上半身もしっかり保ちましょう。

あげた足をおろすときは、コントロールしてゆっくりとおろし、5番に戻る。

勢いよく、高く足をあげる。あげた位置でキープする必要はない。

5番から、動作足の裏で床をすり、ジュテを通って、足をあげる。

ココに注意！

グラン・バットマンに限らず、前に足をあげようとすると、上体が反り、腰が突き出たような姿勢になりやすい。上体が後ろに倒れれば、それだけ足が高くあがり、楽にあげられるのだが、これでは美しく見えない。正しい姿勢をキープすることを心がけよう。

CHECK POINT ①

ボールを蹴るように勢いよくあげる

グラン・バットマンは勢いよく、足を高くあげる動き。足でボールを蹴るように、スピード感をもって足をあげる。また、頂点でキープする必要はないので、アン・ドゥオールしながら高い位置にあげよう。

［横］足のポジション● 5番からスタート

コントロールしてゆっくりと足をおろし、5番に戻す。次に後ろにあげる場合には、後ろ5番に。

勢いよく、高く足をあげる。ヒザはまげずに、伸ばしたままあげよう。

横のグラン・バットマンも前と同様に、ジュテを通過すること。

ワンランクアップ

このページでは、腕はア・ラ・スゴンドのまま行うパターンを紹介したが、レッスンによっては、前のときはアン・オー、後ろのときはアロンジェで前へ出すパターンもある。横は、基本的にア・ラ・スゴンドが多く、その場合は指示がなくとも、顔は正面を向けたまま行う。

CHECK POINT ②

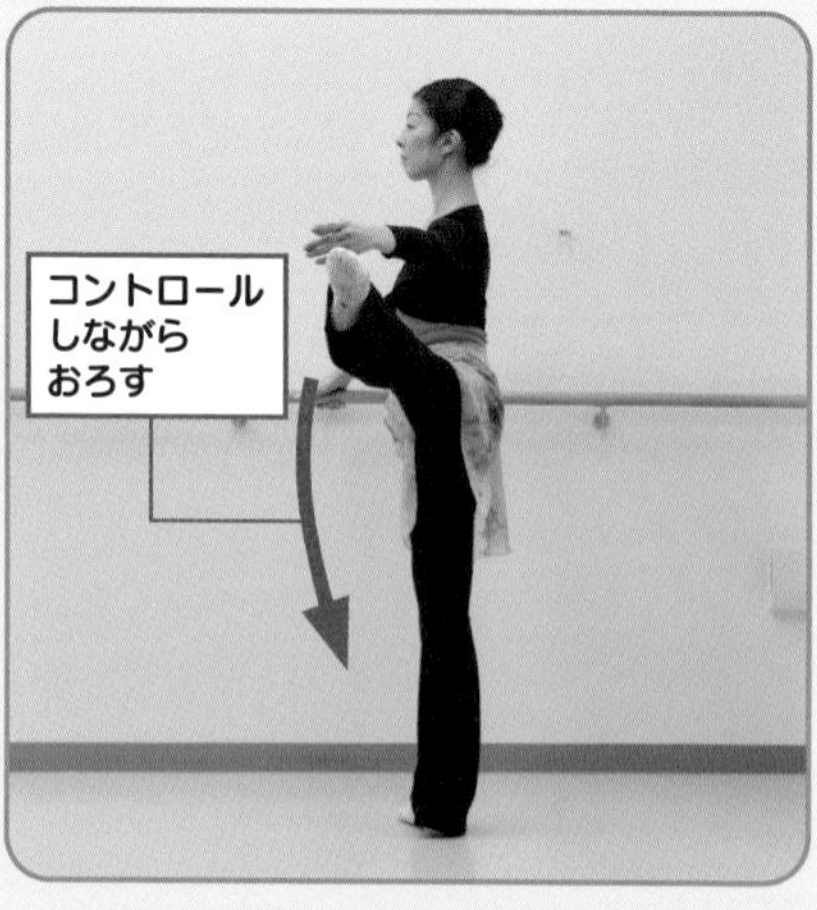

おろすときはコントロールしながらおろす

足をあげるときは、勢いをつけて早いスピードであげるのだが、おろすときは、自分でコントロールして、ゆっくりとおろすよう意識すること。ただし、音には遅れないこと。

[後ろ] 足のポジション● 5番からスタート

前、横と同様に、後ろのグラン・バットマンもジュテを通過する。

後ろのタンデュの延長線上の、高い位置を目指して足を勢いよくあげる。

ゆっくりと足をコントロールしながらおろしたら、後ろの5番に戻る。

ココに注意！

グラン・バットマンに限らず、後ろに足を高くあげる動きでは、バー側に上体が倒れ、足が外れてお腹が開きやすい。（骨盤が開いたように見える）。バーにつかまった腕に力が入って体重を支えることにもなり、センターでは動けなくなってしまうので、注意しよう。

CHECK POINT ③

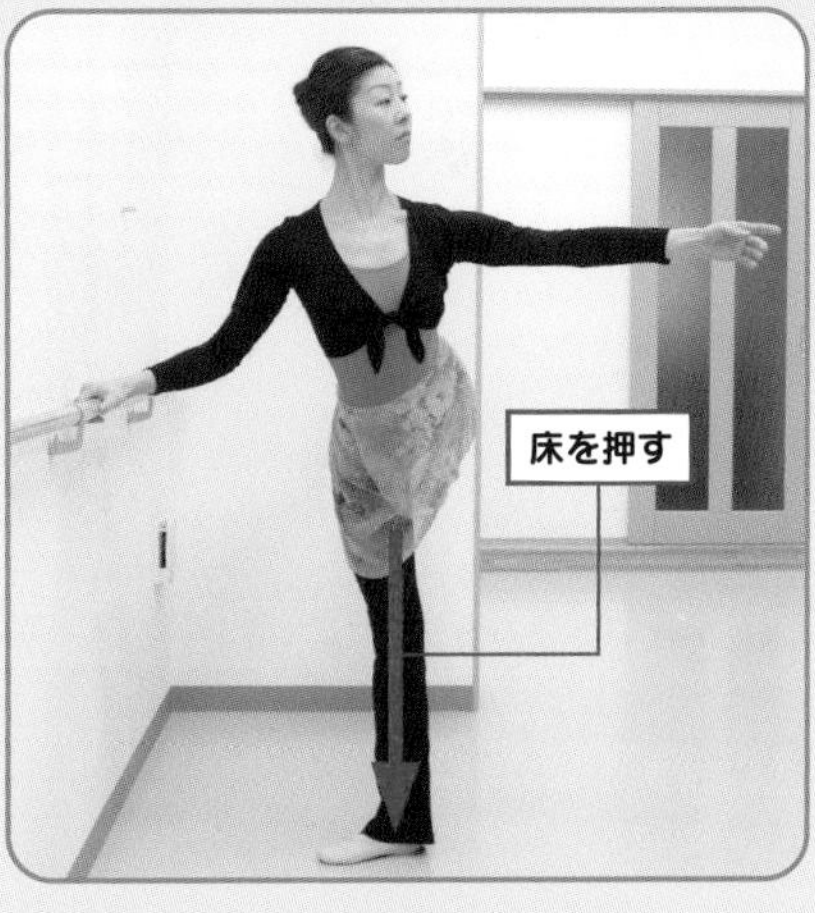

軸足は強く床を押す

勢いよく足をあげるため、ほかの動きに増して軸足がずれやすい。そのため、軸足は強く床を押し、ぶれないように意識したい。そうすることで、上体をキープすることにもつながる。

ツマ先まで伸ばしてくるぶしにつける

CHECK POINT

①前はくるぶしの上につける
②後ろはふくらはぎの下にカカトがくる
③ツマ先をしっかり伸ばし、正しい位置を理解する

前

前のク・ド・ピエは、くるぶしの上にツマ先がくるようにおく。

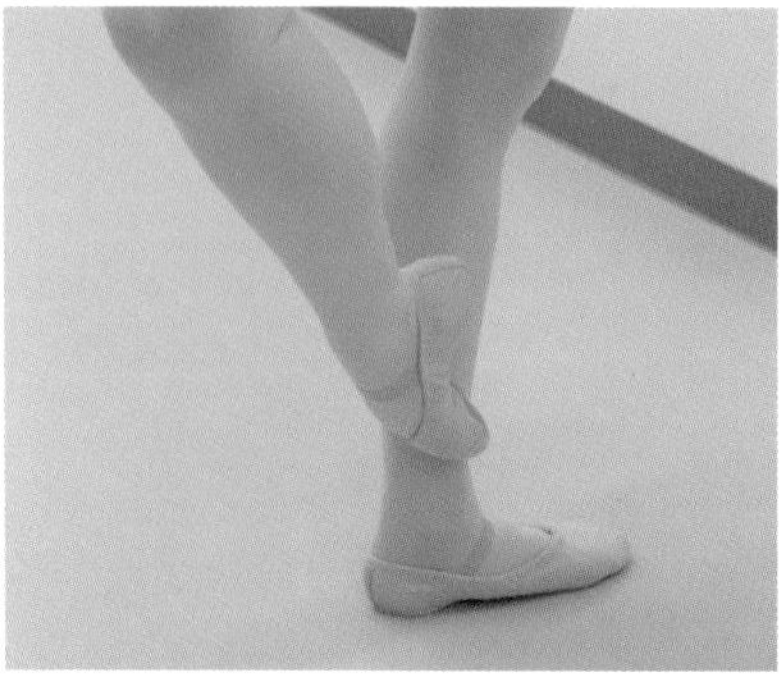

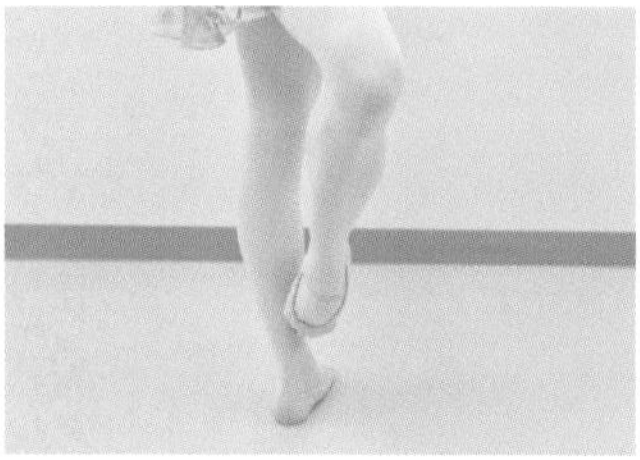

別バージョン

カカトが前、ツマ先が後ろで足首を包むようにあてるク・ド・ピエもある。

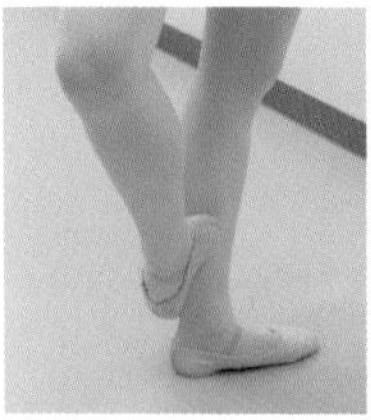

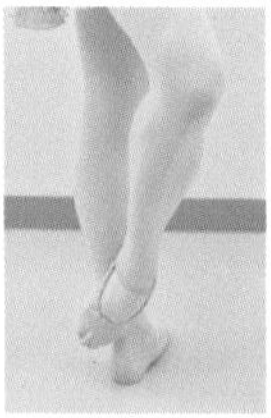

後ろ

後ろは、ふくらはぎの下にカカトがくる位置。

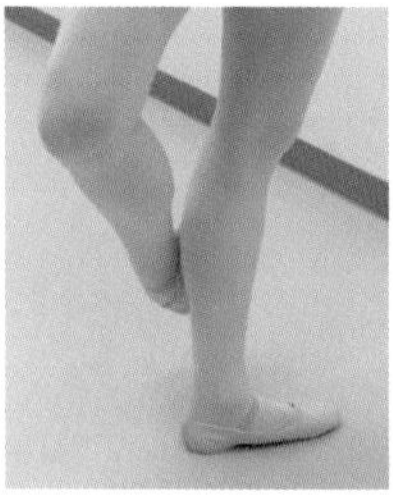

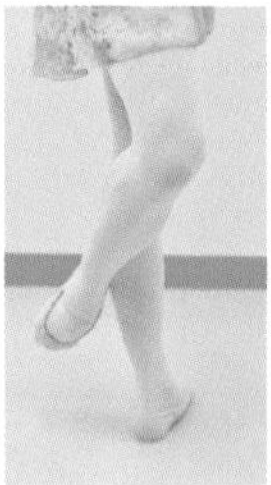

ツマ先を伸ばしくるぶし上に

スュル・ル・ク・ド・ピエとは、片足がもう一方の足首に触れている状態をいいます。「ク・ド・ピエ」とも呼ばれます。

前のク・ド・ピエは、くるぶしの上にツマ先をつける要領で、後ろは同じ形のままふくらはぎの下にカカトをつけます。前のク・ド・ピエの別バージョンとして、カカトを前、ツマ先を後ろにして足首を包むようにするポジションもあります。ク・ド・ピエは様々なパで使われます。この本でも、バーレッスンのフォンデュ（ポイント13）やフラッペ（ポイント14、ただしこの場合、足首はフレックス）、センターレッスンではジュテ（ポイント25）などで使われています。カマ足にならないよう、ツマ先までしっかりと伸ばし、正しい位置を覚えることが大切です。

part 3

センターレッスンの動きを覚えましょう

バー・レッスンの動きを、応用させて、バーなしで動くセンターレッスン。
ジャンプや回転するパなど、センターレッスンならではの動きも多くあります。
踊りに直接関わるレッスンだけに、ポイントを押さえて、気持ちよく踊りましょう。

足をスライドさせて上に伸びる

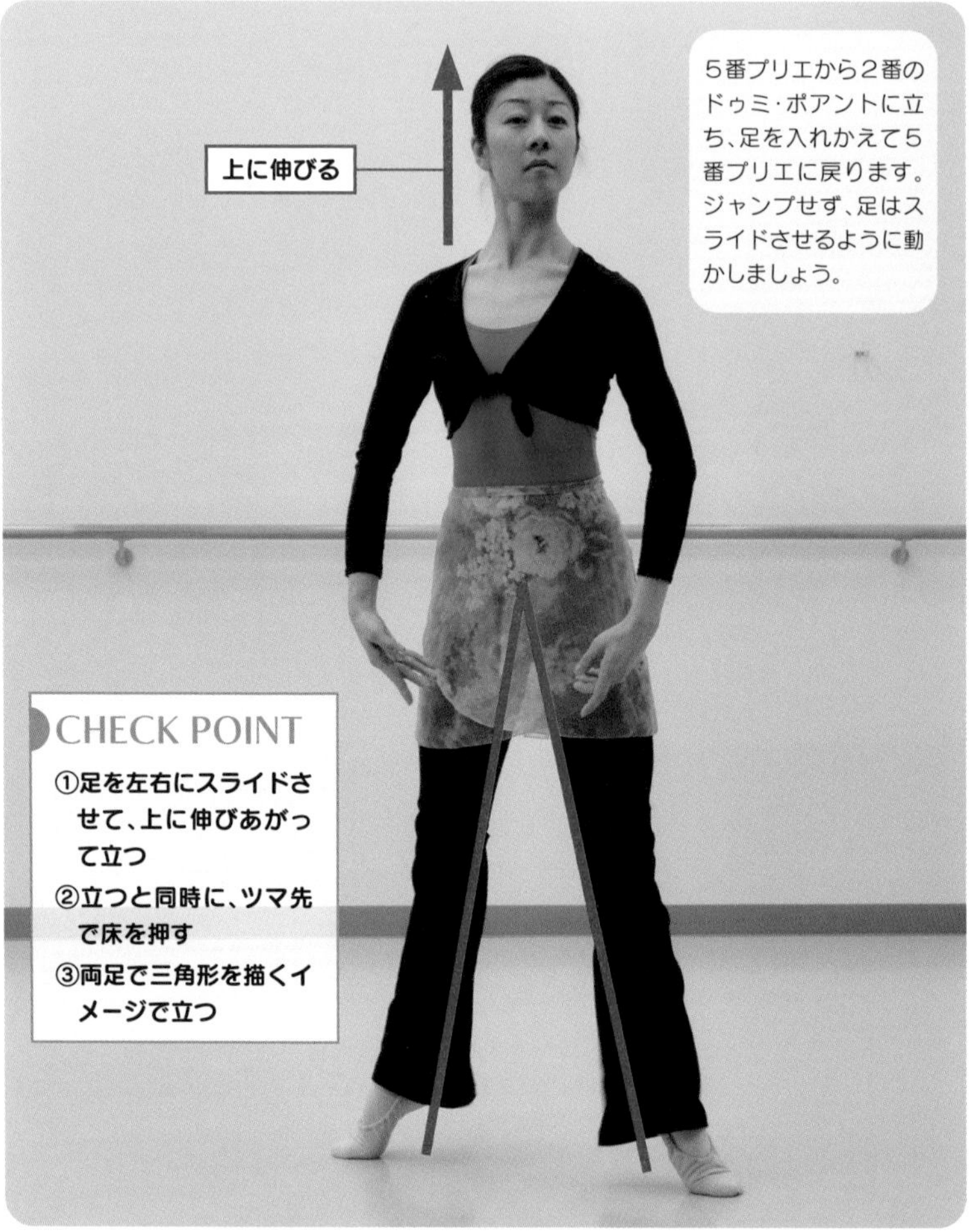
上に伸びる
5番プリエから2番のドゥミ・ポアントに立ち、足を入れかえて5番プリエに戻ります。ジャンプせず、足はスライドさせるように動かしましょう。
CHECK POINT
①足を左右にスライドさせて、上に伸びあがって立つ
②立つと同時に、ツマ先で床を押す
③両足で三角形を描くイメージで立つ

足をすばやくスライドさせ伸びあがるように立つ

5番からルルヴェ(＝ドゥミ・ポアントで)2番、そして前後を入れ替えて再び5番に戻る動きをエシャペと呼びます。

エシャペには、ポアントやドゥミ・ポアントで行う場合と、ジャンプする場合があり、また、ジャンプするものは「エシャペ・ソテ」とも呼ばれます。

いずれも踊りの中で頻繁に使われる動きですが、ここではドゥミ・ポアントで行う場合を説明します。

ポイントは、両足を左右にスライドさせながら上に伸びあがり、ツマ先で床を押すこと。両足でエッフェル塔のような三角形を描くイメージを持って、2番に立ちます。

ポイント41では、ポアントでのエシャッペを説明しますが、基本はドゥミでもポアントでも同じです

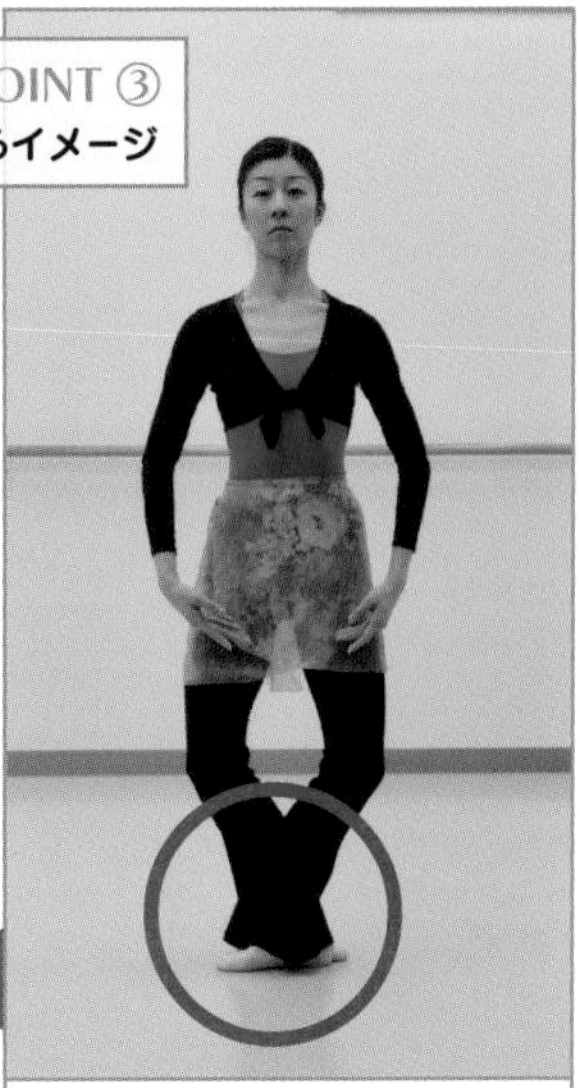

右足前５番で、ドゥミ・プリエする。腕は、アン・バー。床をしっかり押してプリエしよう。

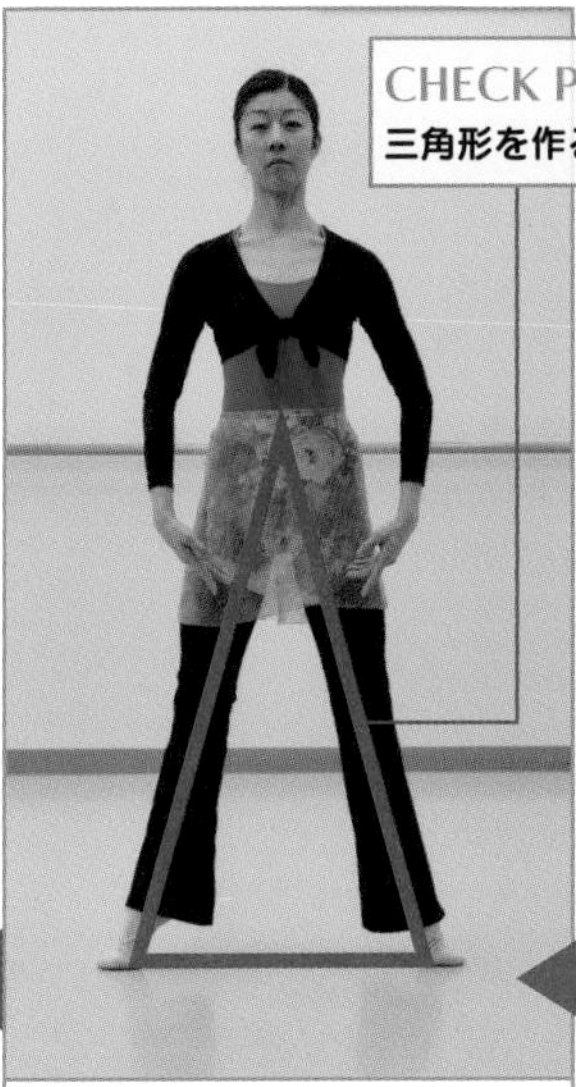

足をスライドさせるようにして、２番のドゥミ・ポアントで立つ。ツマ先で床を押して立つこと。

足を入れかえて、左足前５番にドゥミ・プリエでおりる。ヒザはやわらかく使おう。

CHECK POINT ①

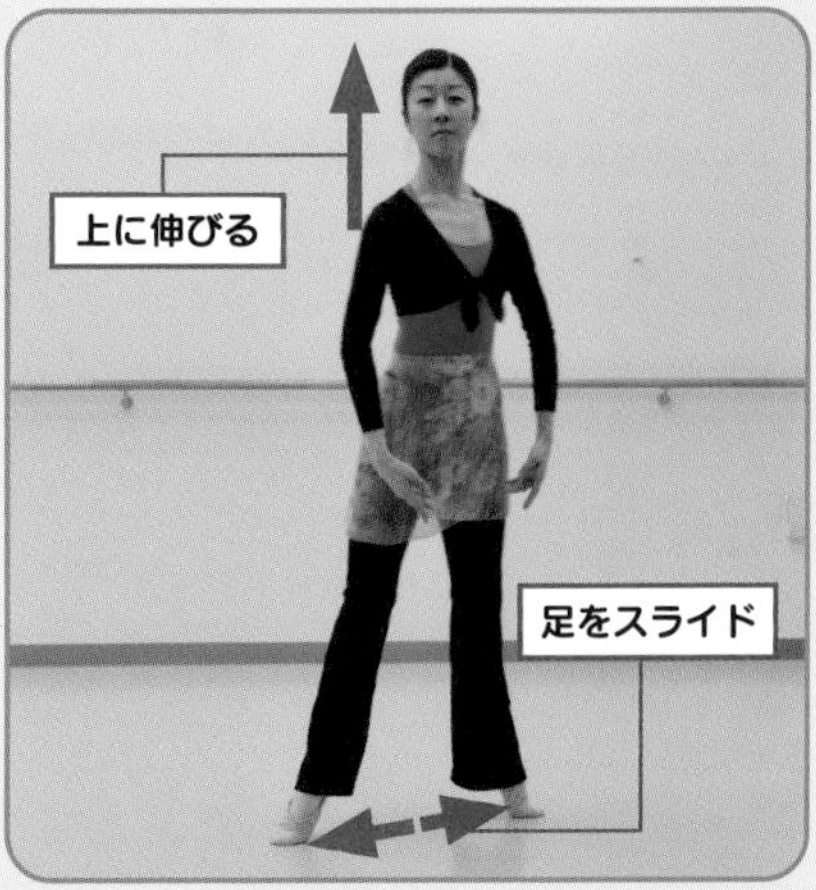

足をスライドさせ、上に伸びあがる

５番から２番のドゥミ・ポアントになるときは、足をスライドさせるようにスッと動かすこと。決してジャンプするのではない。また、上に伸びあがることを意識しながら、立つ。

CHECK POINT ②

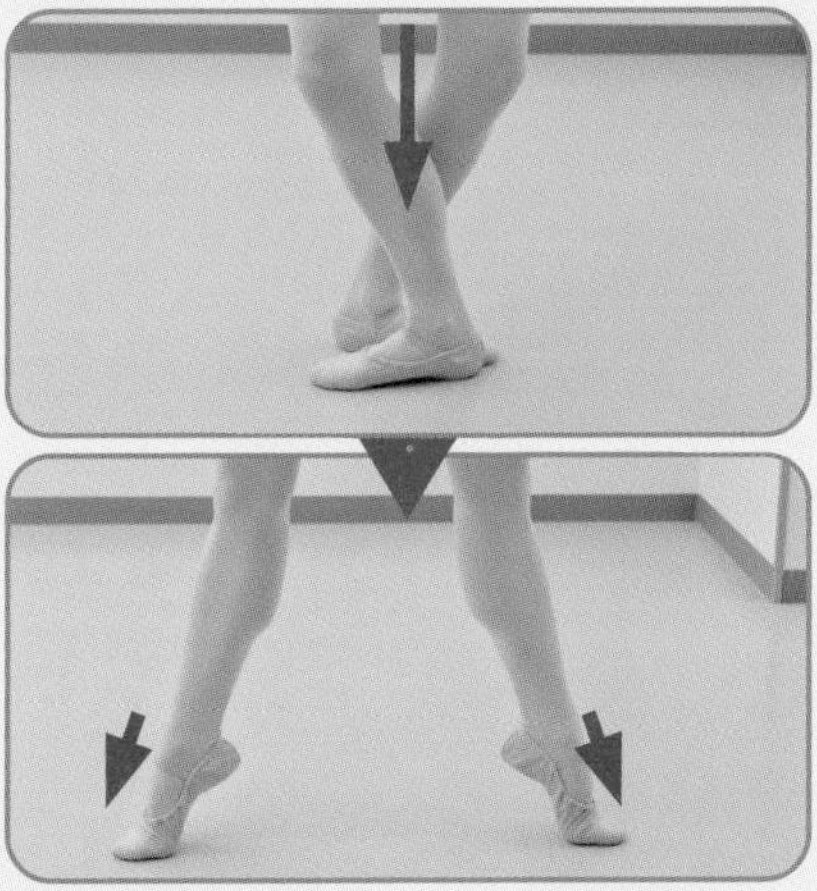

ツマ先で床をしっかりと押す

２番のドゥミ・ポアントで立ったら、その瞬間に、ツマ先で床を押す。体を上に持っていくことを意識する。ヒザはしっかりと伸ばし、カカトを高くあげよう。

POINT 20

ルルヴェ（ルティレ）

足のポジション◆5番からスタート

両足プリエから床を押し、すばやく片足ルルヴェ

ルルヴェ　ルティレは、ピルエットなどの回転のパでも使う、大切なパです。バランスをとり長くルティレが保てるよう、正しい姿勢を心がけましょう。

CHECK POINT

①プリエでしっかりと床を押して、すばやく片足ルルヴェに立つ
②ルティレをする足（動作足）は、ツマ先で軸足を伝ってあげる
③ルティレのツマ先は、ヒザ前につける（後ろはヒザ裏）

床をしっかり押してパッと立つ

ルティレとは、片足のヒザを曲げて、ツマ先を軸となる足のヒザ辺りにつけたポジション、ポーズを指します。「パッセポジション」とも呼ばれます。

ルルヴェは、足の裏全体を床につけた状態から、ドゥミ・ポアント（またはポアント）になるようにカカトを持ちあげることです。

ここでは、両足5番プリエから軸足はルルヴェし、動作足をルティレの形にする動きを紹介します。

動作足は、一気にヒザに移動させるのではなく、ツマ先で軸足を伝ってあげてきます。

軸足は、素早くドゥミ・ポアントになりましょう。

ルティレのツマ先は、前はヒザの前、後ろはヒザの後ろにつけます。

右足前５番で、ドゥミ・プリエをする。右手はアン・ナヴァン、もう一方はア・ラ・スゴンド。

すばやく左足でルルヴェし、右足はルティレ。ルティレする足は、軸足を伝ってあげよう。

足を前におろし、同時に軸足もルルヴェからおりて、両足ドゥミ・プリエに。

横から

ルティレにルルヴェした場合は、床との接地面が小さくなりバランスがとりにくい。頭のてっぺんで天井を押しあげるような感覚で、上へと意識し、お腹が前へ出たり、お尻が後ろにつきでたりしないよう、注意したい。写真のように、一直線になっている形がキレイな姿勢だ。

CHECK POINT ①〜②

すばやくルルヴェに立ち、ルティレへ

床をしっかりと押して、すばやく軸足はルルヴェになることがポイント。それと同時に、動作足のツマ先は軸足を伝ってあげて、ルティレになる。軸足が伸びたときにはルティレが完成している。

ルティレにしっかりと立ち、ルティレした足側に回る

回ることに意識がいきがちですが、大切なのはルティレでしっかりと立つことです。そのまま、アン・ドゥオールではルティレ側に回ります。
まっすぐに立つ
ヒザは横に

CHECK POINT
①ルルヴェでルティレの正しい姿勢に立つ
②顔を正面に残す
③ルティレをした足の方向に回転する

両足からルルヴェで立ちルティレ足の方向に回転

両足で踏み切って、片足ルルヴェで回る動きをピルエットと言います。中でも、ルティレした足の方向に回る回り方を、「アン・ドゥオール（外回り）」と呼びます。

ルティレをしっかりと開き、コルクの栓を抜くようなイメージで軸足を螺旋に回転させるよう意識して回ります。ルルヴェでルティレに正しく立つことが最重要点となりますが、顔のつけ方も大切です。

右回りの場合、左肩が正面にくるまで顔を正面に残し、その後、すばやく右肩の上に乗せて回します。この顔の使い方は、他の回転するパでもすべて同様です。バレエでは、「顔を残して回る」という言い方もし、続けて回転するためにはとても大切なポイントになります。

右足前5番、右手アン・ナヴァン、左手ア・ラ・スゴンドでスタート。ドゥミ・プリエと同時に腕はア・ラ・スゴンド。

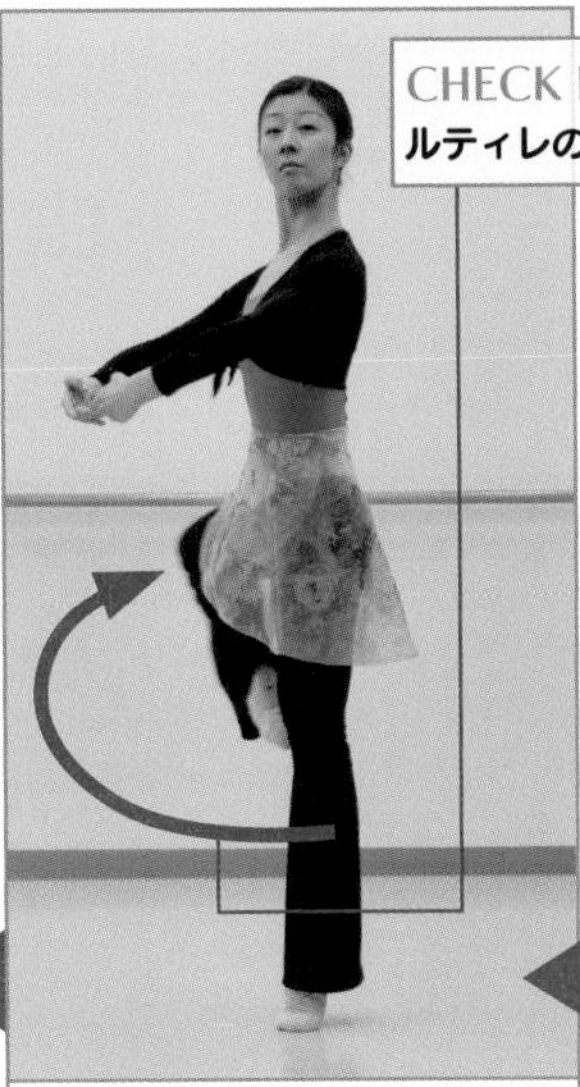

右足をルティレして、右方向に回る。ルティレに持ってくる足の蹴りをうまく利用しよう。

正面まで回ったら、右足を後ろにおろして、4番。左足はドゥミ・プリエのポーズで終わる

※ レッスンでは4番から回ることもあり、そのときは左足前からスタートする

CHECK POINT ①

正しく立てば回転できる

ポイント20のルティレ（ルルヴェ）のコツを思い出そう。回転系のパでもっとも大切なことは、正しくルティレで立つこと。正しく立っていれば、回転はやりやすくなる。

CHECK POINT ②

顔はつねに正面に残す

体が回転しても、顔はぎりぎりまで正面に残す。そして、すばやく回し、すぐに同じ位置に戻すこと。こうすることで、目が回りにくくなるため、何回も続けて回転することができる。

POINT 22

ピルエット・アン・ドゥダン

足のポジション◆4番からスタート

軸足を回すようにして軸足側に回る

アン・ドゥダンは、アン・ドゥオールと反対回りになります。つまり、軸足側に回転するパです。正しくルティレの姿勢ができるよう意識しましょう。

CHECK POINT

①軸足を回すことを意識して、軸足方向に回転する
②プレパレーションから動作足はすぐにルティレする
③顔を残して回る

軸足を回転させることを意識しよう

ピルエット・アン・ドゥダン（内回り）は、ルルヴェで立った軸足の方向に回ります。

やり方のポイントは、アン・ドゥオール（ポイント21）と同じですが、軸足を回すように意識すると回りやすいでしょう。ルティレに正しく立って、軸足で回ることです。

プレパレーションから、軸足がルルヴェすると同時に、動作足はすぐにルティレになります。

アン・ドゥオールと同様に、顔はぎりぎりまで正面に残し、すばやく回しましょう。

プレパレーションから動作足を横に出し、その後にルティレにする回り方もあります。

右まわりの場合

クロワゼ・ドゥバンから後ろのヒザは伸ばしたまま、右足をアテールにしてドゥミ・プリエ。

右足をすぐにルティレして、軸足方向に回転する。顔は正面に残すこと。

ルティレした足を前に入れて、左足前５番でおりる。反対のクロワゼまで回転する。

ココに注意！

ルティレの姿勢が崩れてしまうことは最大のNG。写真のようにルティレのツマ先が軸足を超えてしまうと見た目もさることながら、バランスを崩す原因になり、回転していかない。ツマ先は必ず、ヒザの前につけることが大切だ。

CHECK POINT ①

軸足を回転させようと意識する

アン・ドゥダンは、軸足方向に回る。そのため、軸足で回転しようと意識することで回転しやすくなる。もちろん、ルティレの姿勢を崩さないことが最重要であることは変わらない。

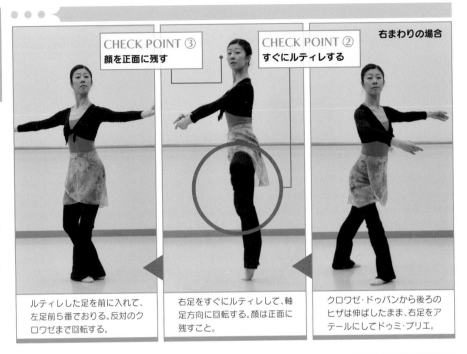

POINT 23

プリエで床を押し真上に飛ぶ

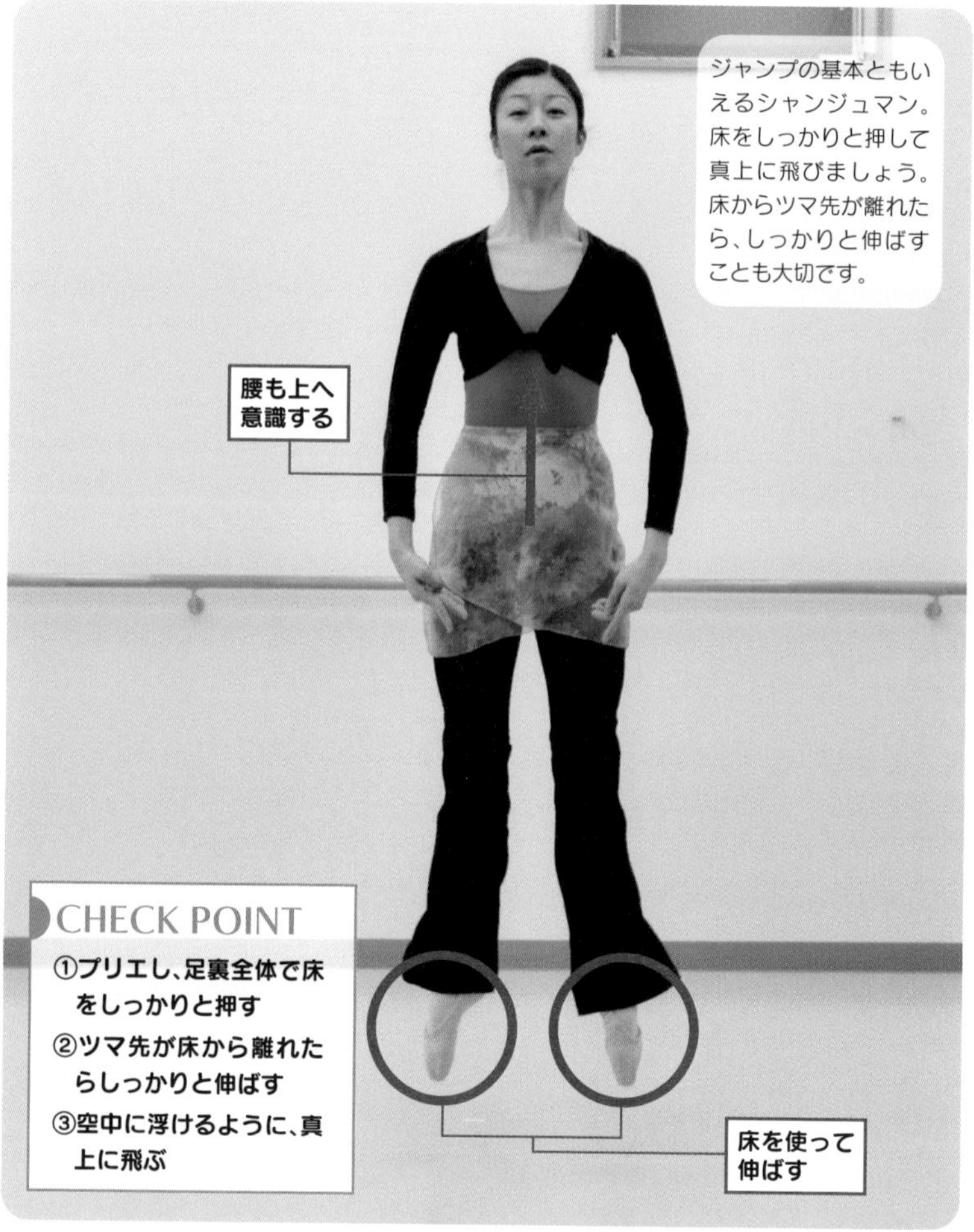
ジャンプの基本ともいえるシャンジュマン。床をしっかりと押して真上に飛びましょう。床からツマ先が離れたら、しっかりと伸ばすことも大切です。
腰も上へ意識する
CHECK POINT
①プリエし、足裏全体で床をしっかりと押す
②ツマ先が床から離れたらしっかりと伸ばす
③空中に浮けるように、真上に飛ぶ
床を使って伸ばす

プリエでしっかりと床を押してそのまま真上に

シャンジュマンとは、「変えること」という意味を持ちます。その通り、5番の足で踏み切って真上に飛び、足を入れかえております。

ポイントは、プリエのときに足の裏で押して踏み切ること。

また、お腹が前に突き出してしまったり、お尻を出したりしないよう、正しい姿勢を保ったまま、空中に浮いているようなイメージを持って、真上に跳びましょう。

さらに、足の裏が床から離れるのを感じながらジャンプすると、ツマ先がスムーズに伸びます。

空中で足を入れかえて、ドゥミ・プリエにやわらかく着地します。

ジャンプの基本となるパなので、跳ぶ感覚をしっかりと身につけましょう。

右足前5番でドゥミ・プリエする。床を足の裏全体で、しっかりと押そう。

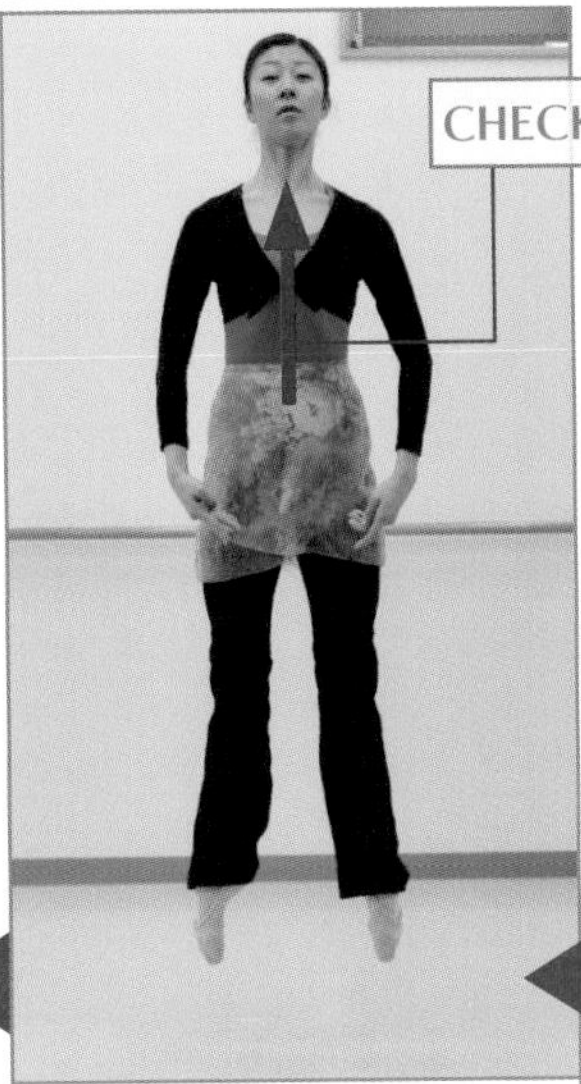

足裏全体で床を蹴って、真上にジャンプ。空中では、ツマ先までしっかりと伸ばす。

空中で足を入れかえて、左足前5番のドゥミ・プリエで着地。足首もヒザもやわらかく。

CHECK POINT ①

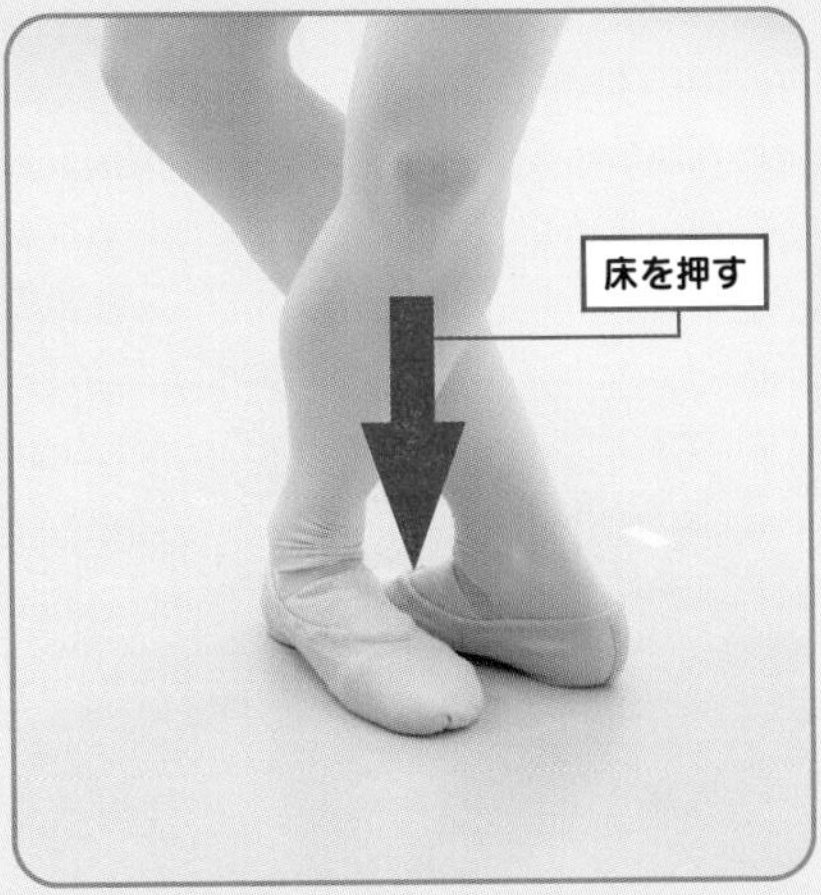

しっかりとプリエし床を押す

プリエでは、足裏全体で床をとらえ、しっかりとプリエすることがポイント。そして、ジャンプするときには、足裏全体で床を押し、その力で高く飛ぶよう意識する。

CHECK POINT ②

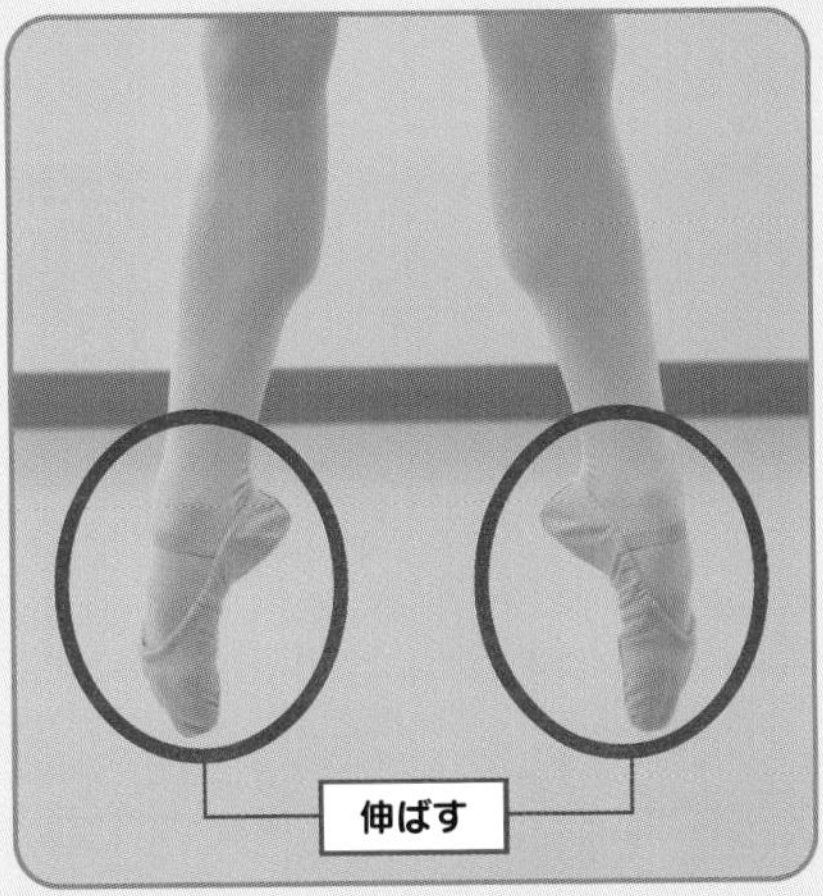

空中ではツマ先をしっかりと伸ばす

ツマ先が床から離れた瞬間から、ツマ先はしっかりと伸ばすこと。空中では、写真のように、5番ではなく、1番の延長にツマ先を伸ばす。同時に、ヒザも伸ばすことを忘れずに。

POINT 24

軸足で踏み切り空中で5番になる

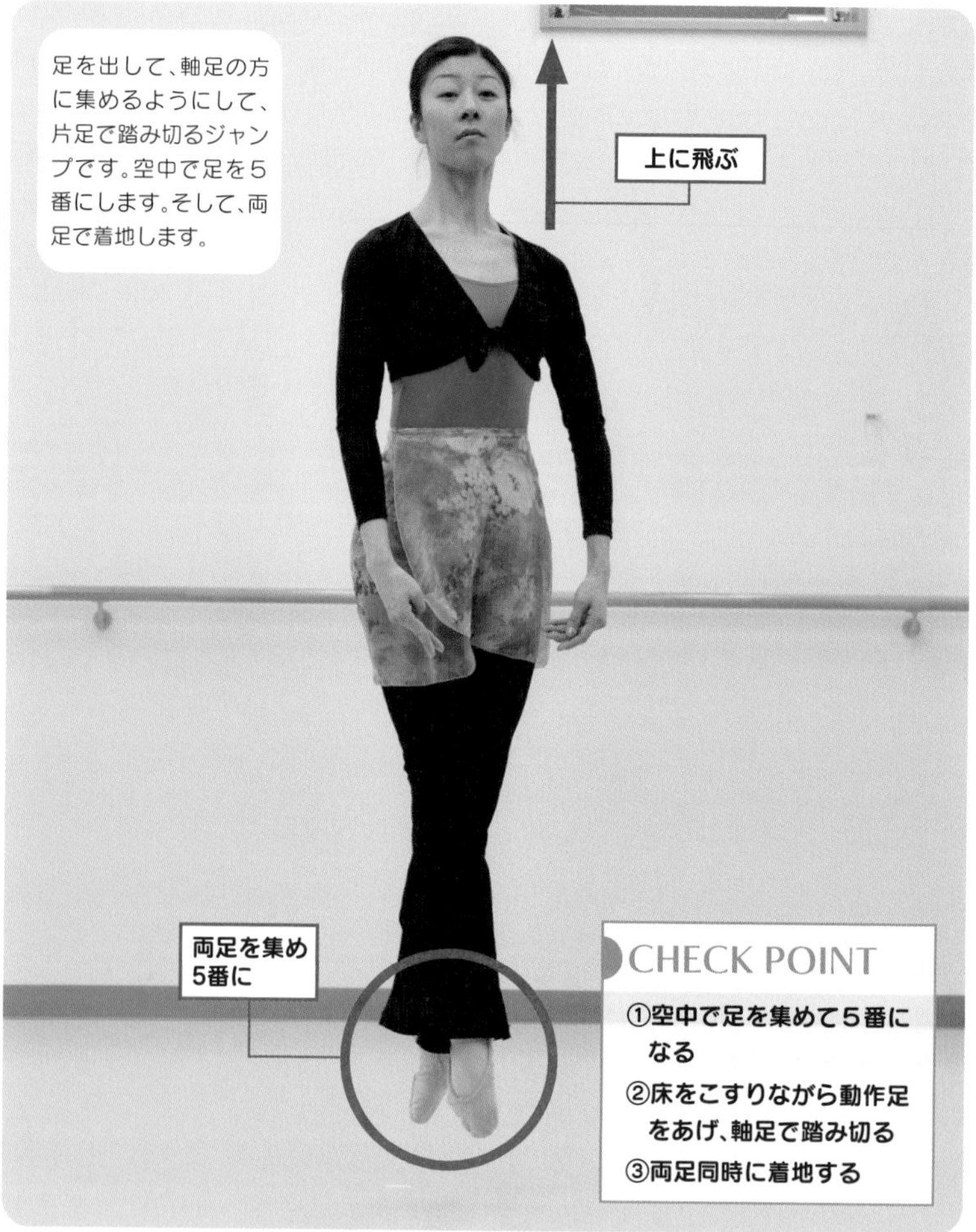
足を出して、軸足の方に集めるようにして、片足で踏み切るジャンプです。空中で足を5番にします。そして、両足で着地します。
上に飛ぶ
両足を集め5番に
CHECK POINT
①空中で足を集めて5番になる
②床をこすりながら動作足をあげ、軸足で踏み切る
③両足同時に着地する

軸足で踏み切って空中で両足を集める

アッサンブレは、「集める」という意味を持ちます。

後ろ足を横に出し、軸足で飛び、空中で両足を集めます。その際、横に出した足は前にして、両足で着地します。横に出した足の方へ移動しないように気をつけましょう。

ポイントは、軸足で踏みきって、空中で5番になることです。

5番に集められるように、高く飛び、ツマ先とヒザはしっかりと伸ばすことが大切です。

横に足を出す際には、ジュテの注意に気をつけて床をこすりながら出し、同時に軸足はヒザを開いてプリエしましょう。

アッサンブレには、横のほかに、前、後ろもあります。

右足は床をすって横に出し、左足でプリエする。左足で踏み切って、上に飛ぶ。

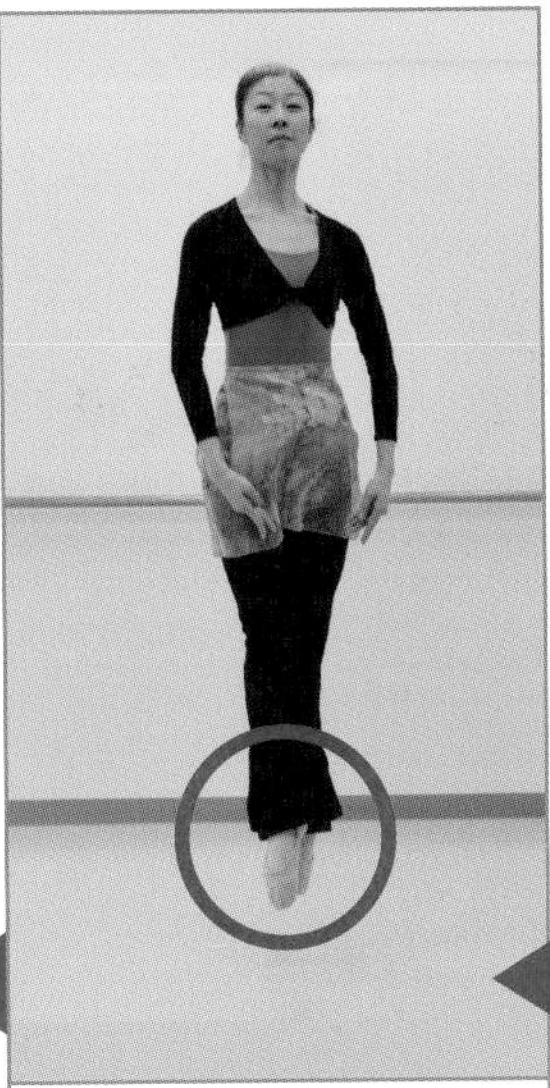

空中で、両足を集めて５番になる。ヒザ、ツマ先はしっかりと伸ばそう。

右足前５番のドゥミ・プリエでやわらかく、そして両足同時に着地する。

CHECK POINT ①

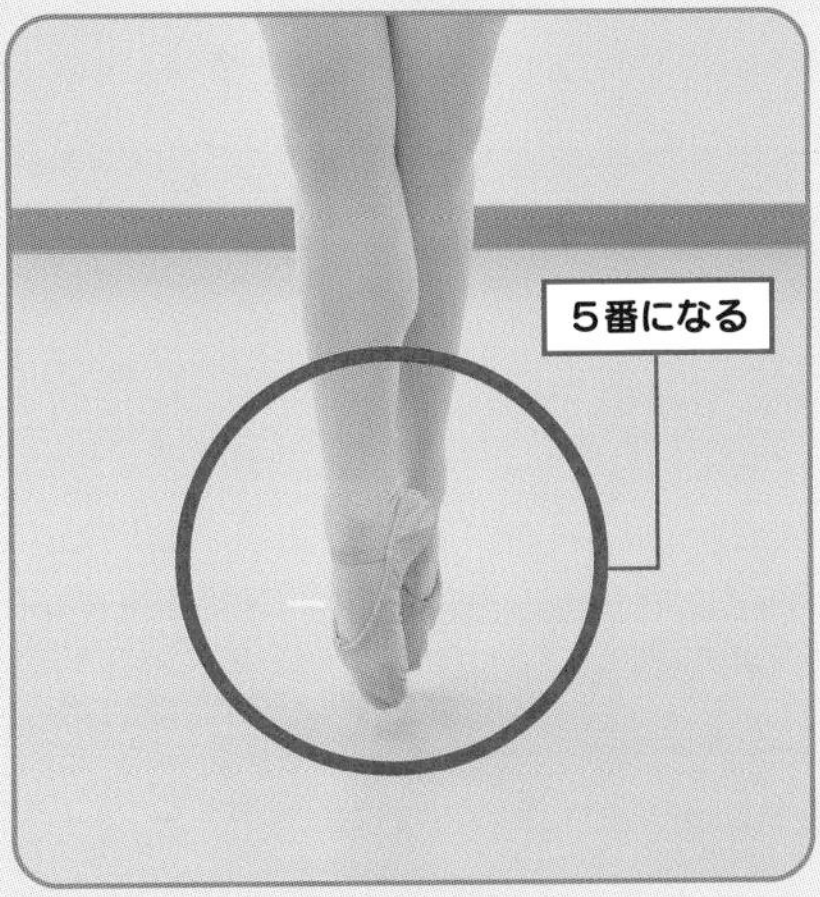

空中で足は５番になること

アッサンブレで最重要なのが、空中で５番になるということ。これがみえないと、アッサンブレにはならないので、ツマ先まできれいに伸ばした５番を必ず見せられるようにしたい。

CHECK POINT ②

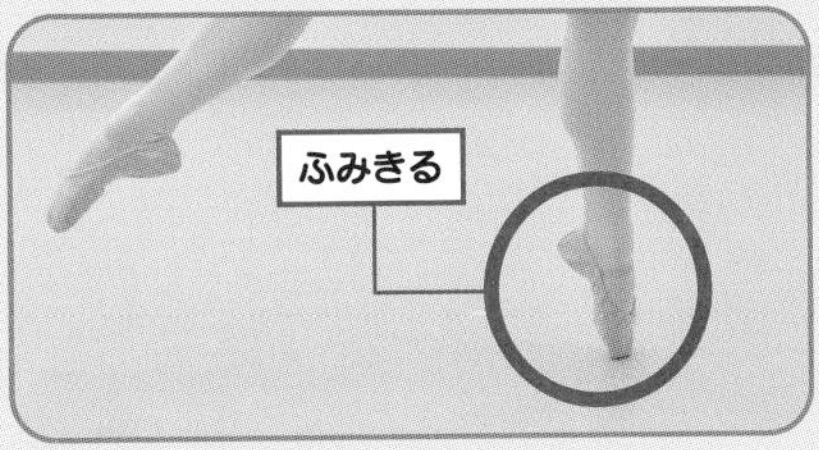

踏み切りは軸足一本で

動作足は、床をこすって横に出す。そして、軸足はプリエから片足で踏み切ってジャンプする。片足をあげた状態での片足ジャンプは大変だが、プリエしてしっかりと床を押すこと。

POINT 25

軸足で踏み切り、その足をク・ド・ピエにしておりる

ジャンプを伴うジュテは、足をク・ド・ピエにしておりる動きです。軸足で踏み切り、真上に飛んで、踏み切ったその足をク・ド・ピエにしております。

CHECK POINT
①軸足で踏み切り、踏み切ったその足をク・ド・ピエにしておりる
②動作足は、床をこすって出し、その足で着地する
③真上に飛び、左右に移動しないこと

軸足で踏み切りク・ド・ピエもう一方の足で着地する

バーレッスンでは足を前後左右にすばやくあげる動き（ポイント11）をいいますが、センターレッスンではジャンプを伴う動きをジュテと呼びます。

軸足でプリエし、後ろ足を横に出します。軸足で踏み切って真上に飛び、出した足で着地。同時に、軸足を後ろのク・ド・ピエにします。

アッサンブレ（ポイント24）と同様に、横に出す足は床をこすりながらあげましょう。

さらに、ジュテもアッサンブレと同じで、左右へ移動はしません。

片足で踏み切り、真上に飛び片足で着地することも覚えておくと、動きやすいでしょう。

また、床から離れた足のツマ先はつねにピンと伸ばしておきましょう。

左足は床をこすって横に出し、右足は床をしっかりと押してプリエする。

CHECK POINT ③ 真上に飛ぶ

右足で踏み切って、真上にジャンプする。ツマ先は両足ともしっかりと伸ばすこと。

右足は後ろのク・ド・ピエにして、左足のドゥミ・プリエで着地する。

CHECK POINT ①

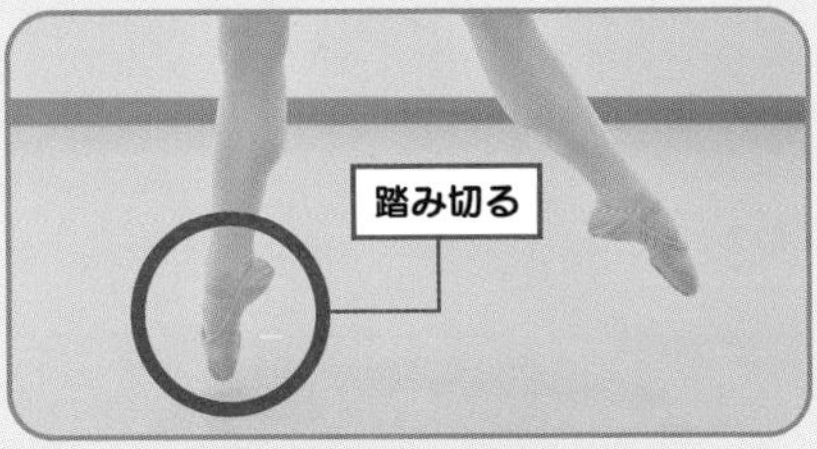

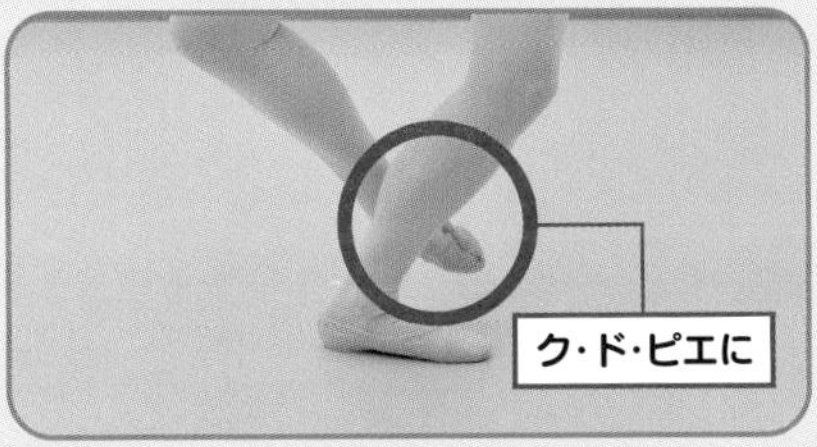

踏み切った足をク・ド・ピエ

軸足で踏み切ってジャンプして、踏みきった足を空中で後ろのク・ド・ピエにして着地する。床につく足を入れ替えるイメージで行うとわかりやすいだろう。

CHECK POINT ②

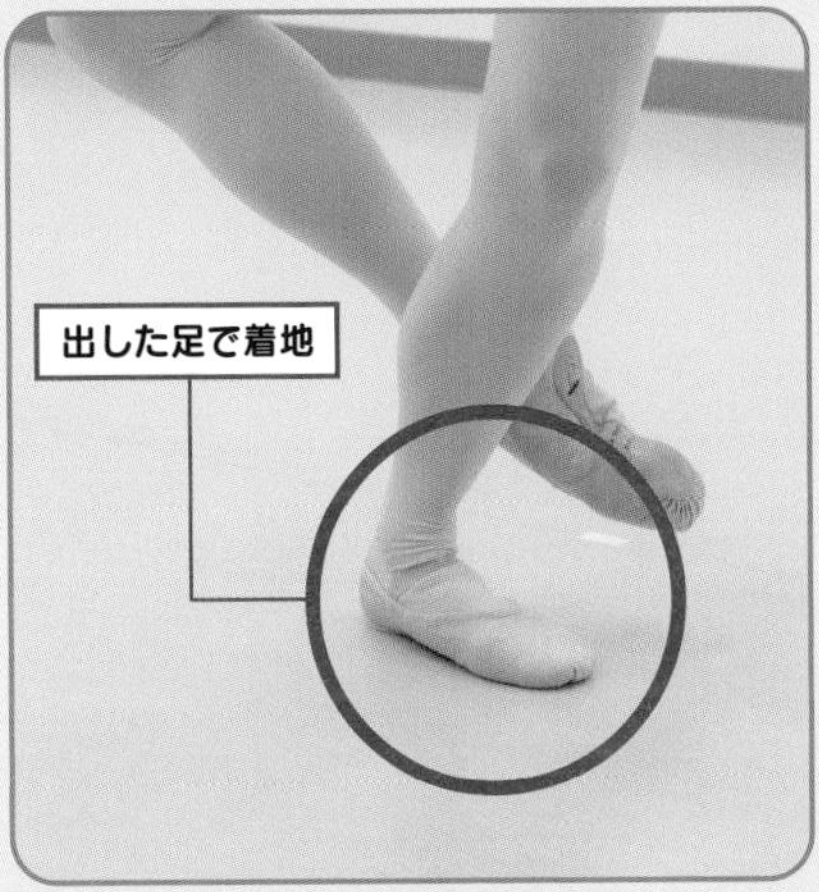

横に出した足で着地する

横に出した足で着地する。写真のように、着地するときには、もう一方の足が、ク・ド・ピエの形になっているのがのぞましい。ク・ド・ピエの正しい位置も確認しておこう。

POINT 26

軽やかに音を立てずに「猫のように」飛ぶ

パ・ド・シャ

足のポジション◆5番からスタート

すばやく軽やかに、そして音もなく着地するのが理想的なパ・ド・シャです。猫がジャンプする姿をイメージして、体重を感じさせない動きをしましょう。
目線は進行方向
ヒザをしっかりあげる

CHECK POINT

①「猫の足どり」の意味通り、すばやく軽やかにジャンプする
②空中では、両足ともにルティレの形をつくる
③足音を立てずに、静かに着地する

猫の足どりを意識して すばやく軽やかに飛ぶ

パ・ド・シャとは、「猫の足どり」という意味です。その意味通り、猫がジャンプするように、軽やかに足音を立てずにジャンプするパです。

5番の後ろ足をルティレにしながら、前足で踏み切ります。すぐに踏み切った足もルティレの形にして、最初にあげた足で着地します。

空中で、両足ともルティレにしている形を見せることが、美しく見えるポイントです。ツマ先までしっかりと伸ばし、できるかぎり両足ルティレの状態を長く保てるよう、高く飛びましょう。

パ・ド・シャは、踏み切り、着地ともに片足で行うパです。特に着地は、ドスンとおりるのではなく、やわらかいプリエにおり、できるだけ音を立てない努力も必要です。

左足前5番から始める。右足をルティレしながら、左足で踏み切ってジャンプ。

空中で両足ルティレをしてから、右足で着地。左足はルティレの形でおりる。

左足を前に入れて、左足前5番に戻って終わる。スタート時と足は同じになる。

CHECK POINT ①

すばやく軽やかに猫のように

パ・ド・シャは軽やかに動くことがもっとも大切なポイント。足や腰が重くみえないように、軽やかに飛び、体重を感じさせない動きをしたい。猫のジャンプをイメージしよう。

CHECK POINT ②～③

両足をルティレにし、静かに着地

空中では、写真のように両足をルティレした状態になる。その後、右足で着地する。着地の際に、勢いあまって大きな音を立てないように注意。軽やかに見せるため、音を立てずに着地したい。

アラベスクの形をつくってから飛ぶ

ソテ　アラベスクは、アラベスクの形になってからそのままの姿勢で飛ぶもの。

CHECK POINT

1. 足を一歩踏み出してから、アラベスクし、そのまま踏み切る
2. 片足で踏み切って、片足で着地する
3. アラベスクの形をきれいに保つ

一歩踏み出しアラベスクそのまま真上にジャンプ

ソテとは、「飛ぶ」という意味です。そのため、ソテ　アラベスクは、アラベスクで飛ぶということです。

動き方のポイントは、片足を前に出し、その足をついてアラベスクになってから、ジャンプするということ。

両足で踏みきりがちなので気をつけましょう。

前に出した足はアラベスクの軸足となり、その足で踏み切って、さらに着地します。

バーレッスンのデヴェロッペ（ポイント16）やグラン・バッドマン（ポイント17）の後ろに足をあげるポイントを参考に、美しいアラベスクの形を崩さずにジャンプし、また着地することで、より美しいソテ　アラベスクになります。

CHECK POINT ①

アラベスクになってからジャンプ

足を一歩前に踏み出して、アラベスクの形を作りながらプリエして、そして真上にジャンプする。慌てずに、しっかりとアラベスクの形を作るのが大切。

CHECK POINT ② 片足踏み切り、片足着地

右足前5番から、右足を前に出す。左足はドゥミ・プリエ。腕はアン・ナヴァンに。

右足を軸にして、第1アラベスクになる。そのまま、右足はプリエ。ただしここで止まらない。

CHECK POINT ③ アラベスクを保つ

右足で踏み切って、そのままのアラベスクの姿勢のまま、真上にジャンプする。

ココに注意！

上に飛ぼうとするあまり、手が上にあがり、背中が反っている。高く飛ぼうとするのはいいことなのだが、これではかえって飛びにくくなってしまう。まずはアラベスクの姿勢を保ったまま飛ぶことが大切だ。胸と前の手はナナメ上にむかってあげるよう意識しよう。

両足で踏み切り空中でアラベスクになる

両足で踏み切って飛び、空中で進行方向と逆の足をあげて、あげていない足で着地する動きをシソンヌと呼びます。バリエーションも多くあります。
前後に開く
CHECK POINT
①両足プリエで踏み切り、空中で進行方向と逆の足をあげる
②進行方向の足で着地する
③あげた足をすばやく5番に戻す(戻さないパターンもある)

両足で踏み切って片足で着地する

シソンヌは、両足で踏み切って、前、横、後ろ方向に飛び、片足で着地するパを指します。

足を5番でプリエし、両足で踏み切って飛びます。空中で、アラベスクになり、前足で着地。その後、すぐに後ろ足を引き寄せて、5番に戻ります。

5番で始まって、5番に戻すこのシソンヌは、「シソンヌ・フェルメ」とも呼ばれます。フェルメとは「閉じる」という意味。すぐに両足を5番に閉じることからそう呼ばれます。着地後に、あげた足をそのままあげておき、ポーズをキープする場合は、「シソンヌ・ウーベル(開ける)」と呼ばれます。

また、シソンヌは、前後左右、どの方向のパターンもあります。いずれも、進行方向と逆の足をあげて飛びます。

右足前５番で、両足でドゥミ·プリエする。右手は前に伸ばし、左手は横に伸ばす。

CHECK POINT ③　アラベスクをきれいに

両足で踏み切り、ナナメ前に跳びながら空中で第１アラベスクの形になる。両足とも、ツマ先まできれいに伸ばして。

右足だけで着地。その後、すぐに左足を後ろに入れる。（あげたままのパターンもある）

CHECK POINT ①

行く方向と逆側の足をあげる

シソンヌは、両足で踏み切り、進行方向と逆側の足をあげるのがポイント。写真では、前に進んでいるので、後ろ足をあげ、アラベスクの形になっている。

CHECK POINT ②

軸足で着地する

着地は軸足となる足だけでする。着地直後は、写真のように後ろ足はあげたままだが、その後、後ろ５番にすぐにしまう。足をあげたままキープする形もある。（シソンヌ·ウーベルト）

POINT 29

床に足を突き刺し、立って回る

ピケ・トゥール

足のポジション ◆ 右足ドゥバンからスタート

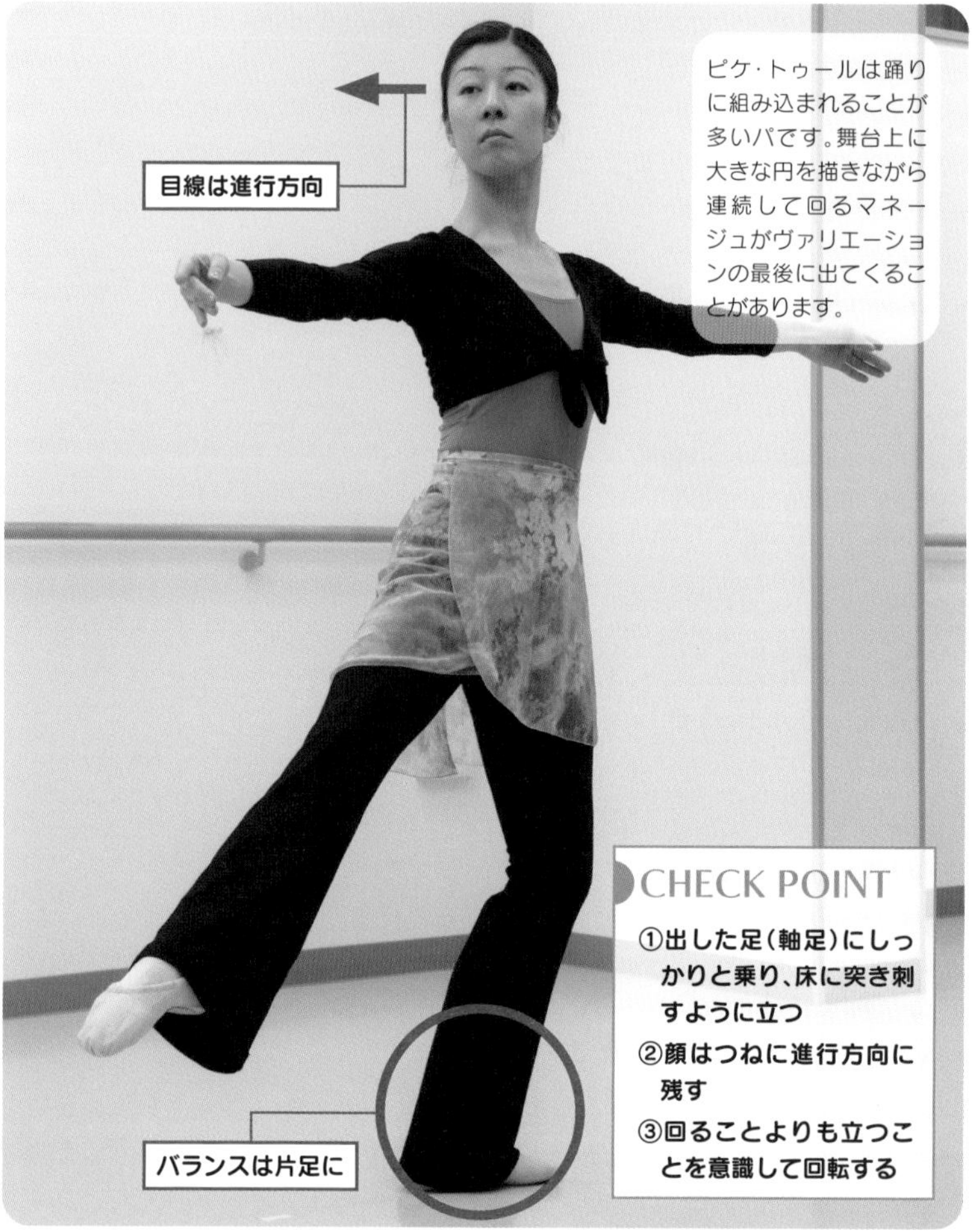
目線は進行方向
ピケ・トゥールは踊りに組み込まれることが多いパです。舞台上に大きな円を描きながら連続して回るマネージュがヴァリエーションの最後に出てくることがあります。
バランスは片足に

CHECK POINT

①出した足（軸足）にしっかりと乗り、床に突き刺すように立つ

②顔はつねに進行方向に残す

③回ることよりも立つことを意識して回転する

出した足を床に突き刺ししっかりと立って回る

ピケとは「刺す」の意味で、片足を軸にしてもう一方の足をルティレして回る動きの総称を「ピケ・トゥール」といいます。ほかに、「ピケ・ターン」とも呼ばれます。

ここでは、出した足で立ち、もう一方の足を後ろのルティレにする回り方（ピケ・アン・ドゥダン＝内回り）を紹介します。ほかに、出した足でプリエをし、前のルティレにするときに、もう一方の足でピケをして回る（ピケ・アン・ドゥオール＝外回り）ものもあります。

ポイントは、その名の通り、回転する軸足（ドゥミ・ポアントで立つ足）を床に突き刺すようにしてしっかりと立つことです。ピルエット（ポイント21、22）と同様に、顔を正面に残すことも意識しましょう。

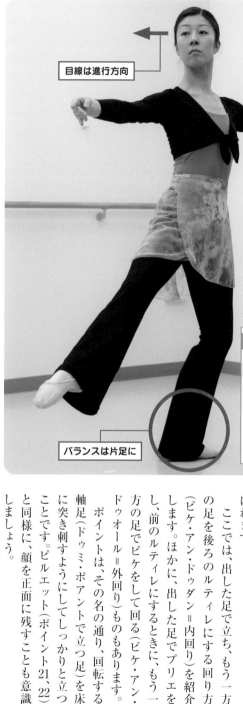

右足をまずは前に出し、左足はドゥミ・プリエ。腕をア・ラ・スゴンドに開き、右足も横へ。

右足はピケで立ち、その足に体重を乗せて立つ。左足はルティレにして、右方向に回転。

正面にきたら、右足前5番でおりる。続ける場合には、5番ではなく、最初の写真に戻る。

CHECK POINT ①

軸足を床に突き刺して乗る

出した足でピケするときに、しっかりと体重を乗せて立つこと。ドゥミ・ポアントはしっかりとカカトをあげ、足を床に突き刺すようなイメージでしっかりと立とう。

CHECK POINT ②

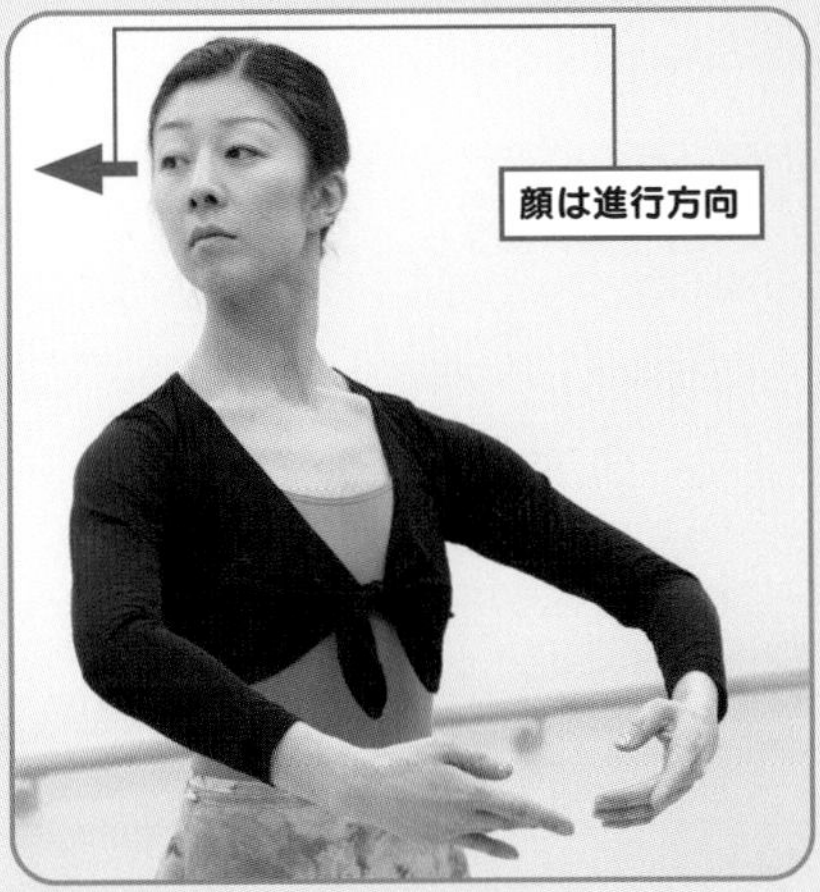

顔は進行方向に残す

ピケ・トゥールは続けて回転することが多い。そのため、進行方向にしっかり顔をつけ目がまわらないようにしよう。連続して回転する場合には、顔をうまくつけることが、さらに大切になる。

POINT 30

回転しながら足を入れ替える

ピケ　スートゥニュ

足のポジション◆5番／片足を横に出す

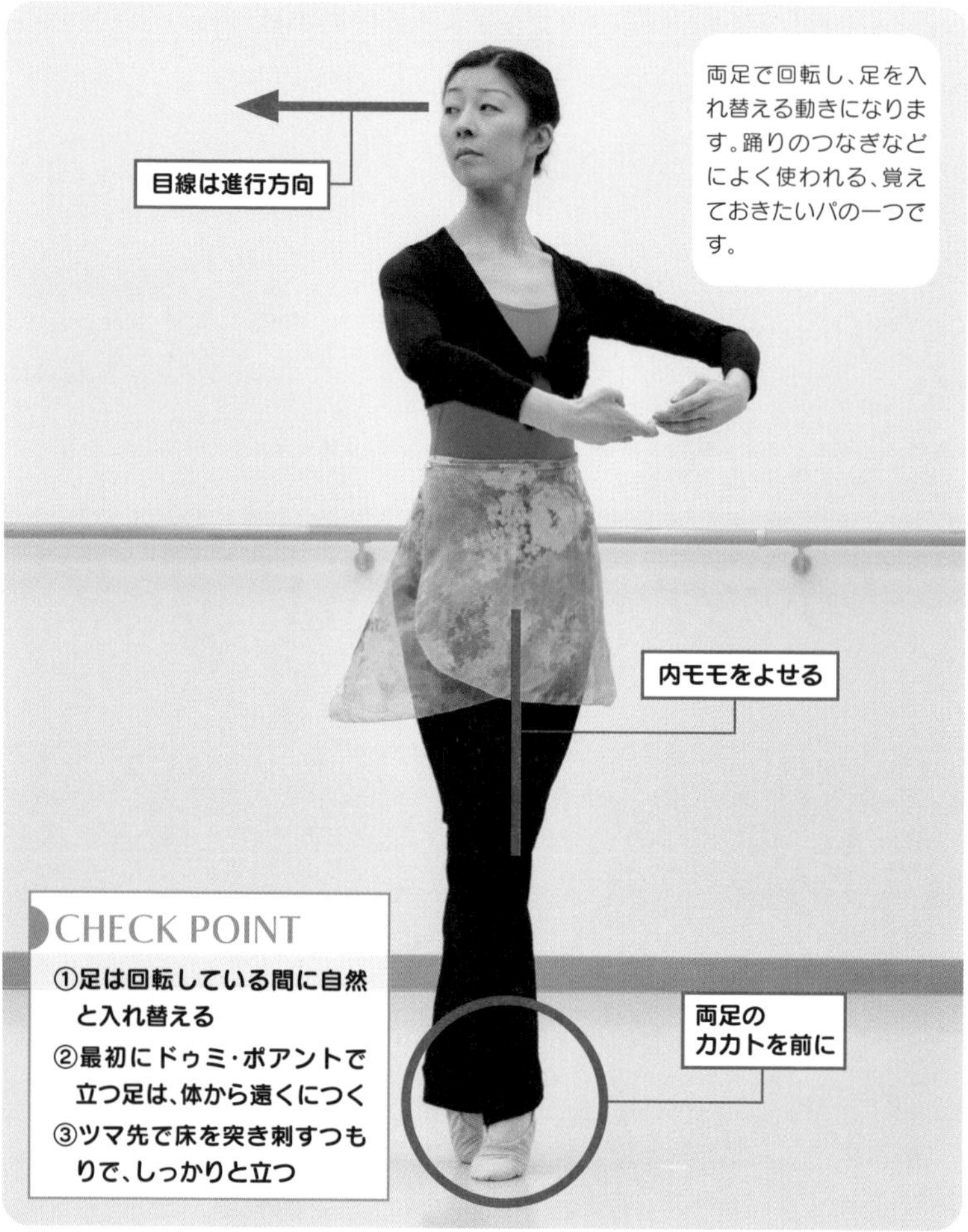
目線は進行方向
内モモをよせる
両足の
カカトを前に

両足で回転し、足を入れ替える動きになります。踊りのつなぎなどによく使われる、覚えておきたいパの一つです。

CHECK POINT

①足は回転している間に自然と入れ替える
②最初にドゥミ・ポアントで立つ足は、体から遠くにつく
③ツマ先で床を突き刺すつもりで、しっかりと立つ

ピケ　スス足を入れ替える

横に出した足で立ち、軸足をそこに揃えて両足で回転し、足を自然と入れ替える動きをスートゥニュといいます。

右方向に向かう場合、右足、その次に左足を床に突き刺すようにしてドゥミ・ポアントで立ち、右方向に回転します。ドゥミ・ポアントで立ったときは左足前5番になっていた足が、回り終わったときには右足前5番になります。

回っている間に自然に足を入れ替えること、そして最初にドゥミ・ポアントで立つ足を体から遠くへ出して立つことが大切です。

スートゥニュには、このほかにも出した足を軸足前に引き寄せて回転する（移動しない）ものや、前にだした足に軸足を引き寄せてドゥミ・ポアントに立つ（回転しない）ものもあります。

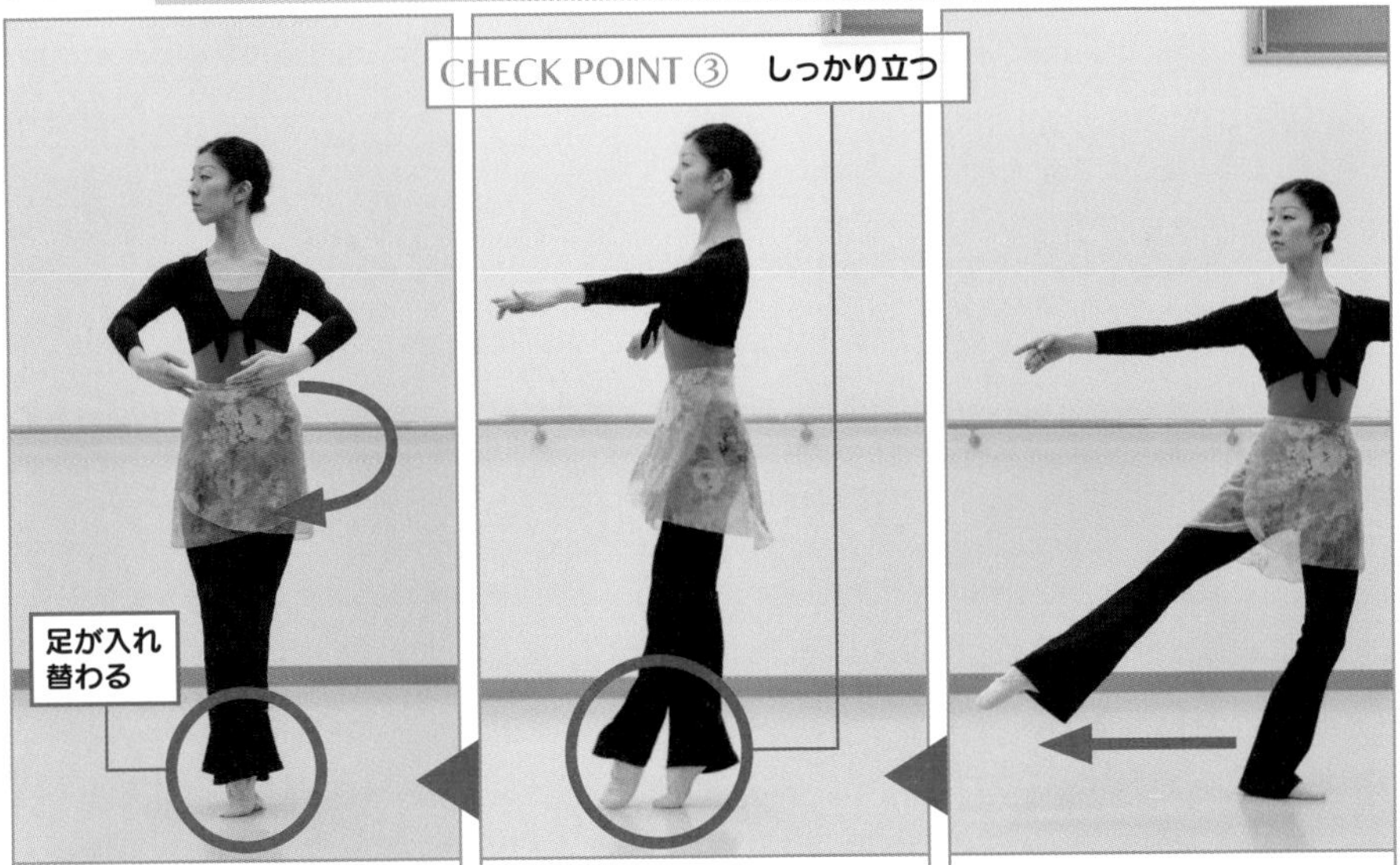

右足を横に出し、左足はプリエする。ピケの足を遠くにつく。

右足はピケで立ち、左足をすばやく引き寄せ、前5番に入れる。

そのまま右回りに回転する。足は自然と入れ替わり、正面にきたときには、右足前5番になる。

CHECK POINT ①

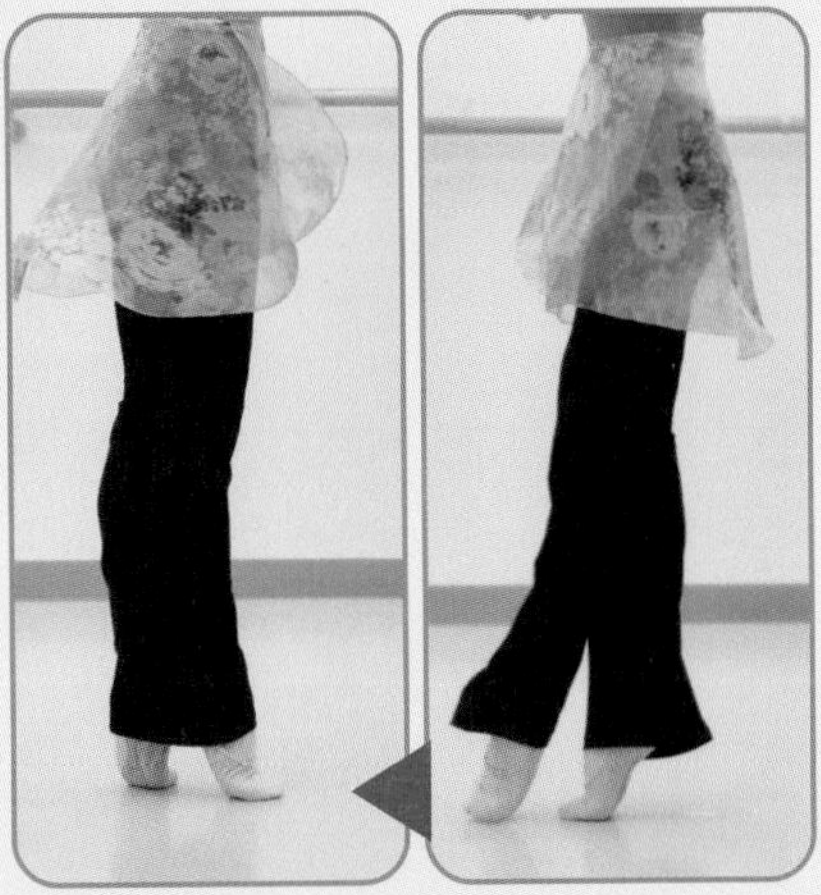

足は自然と入れ替える

足は意識的に入れ替えるという動作は必要ない。というのも、後ろからくる足を前の5番に入れて、そのまま回転すれば、写真のように自然と入れ替わるのだ。

CHECK POINT ②

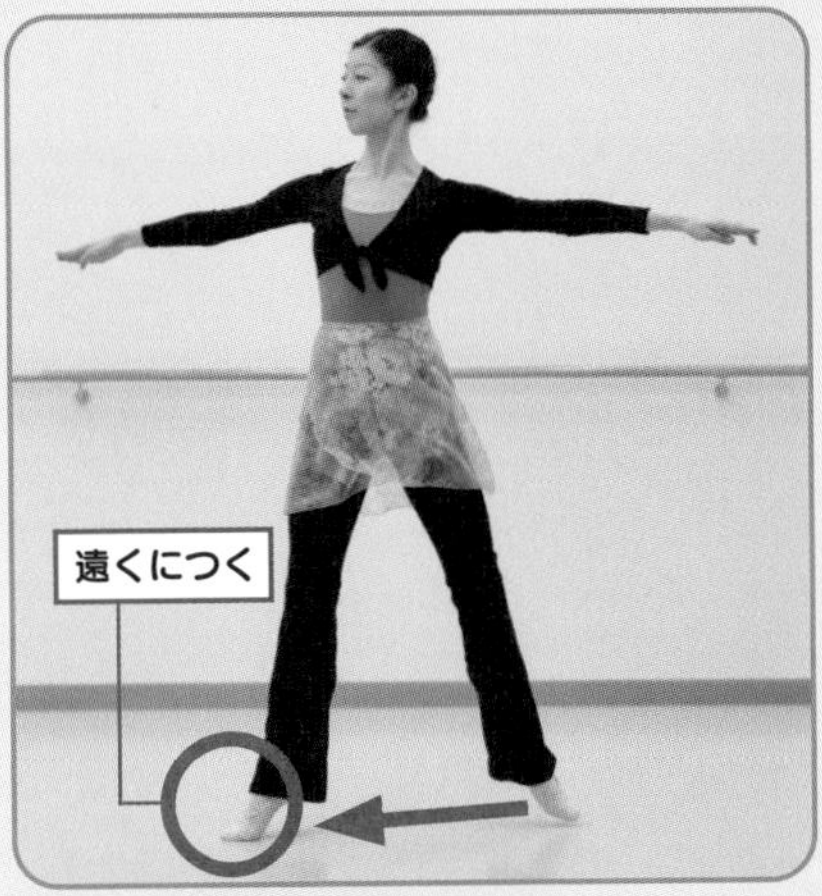

足は体から遠くにつく

最初の一歩となる軸足がつく場所は、体からなるべく離した場所につくのが望ましい。移動する意味もある場合が多いので、大きく出して、体重移動を行おう。

POINT 31

体の軸を支えるために腹筋をきたえる

CHECK POINT

①腹筋は、体の軸を支えるために使う大切な筋肉
②バレエではインナーマッスルが大切
③やりすぎる必要はないが、踊りの一助になる

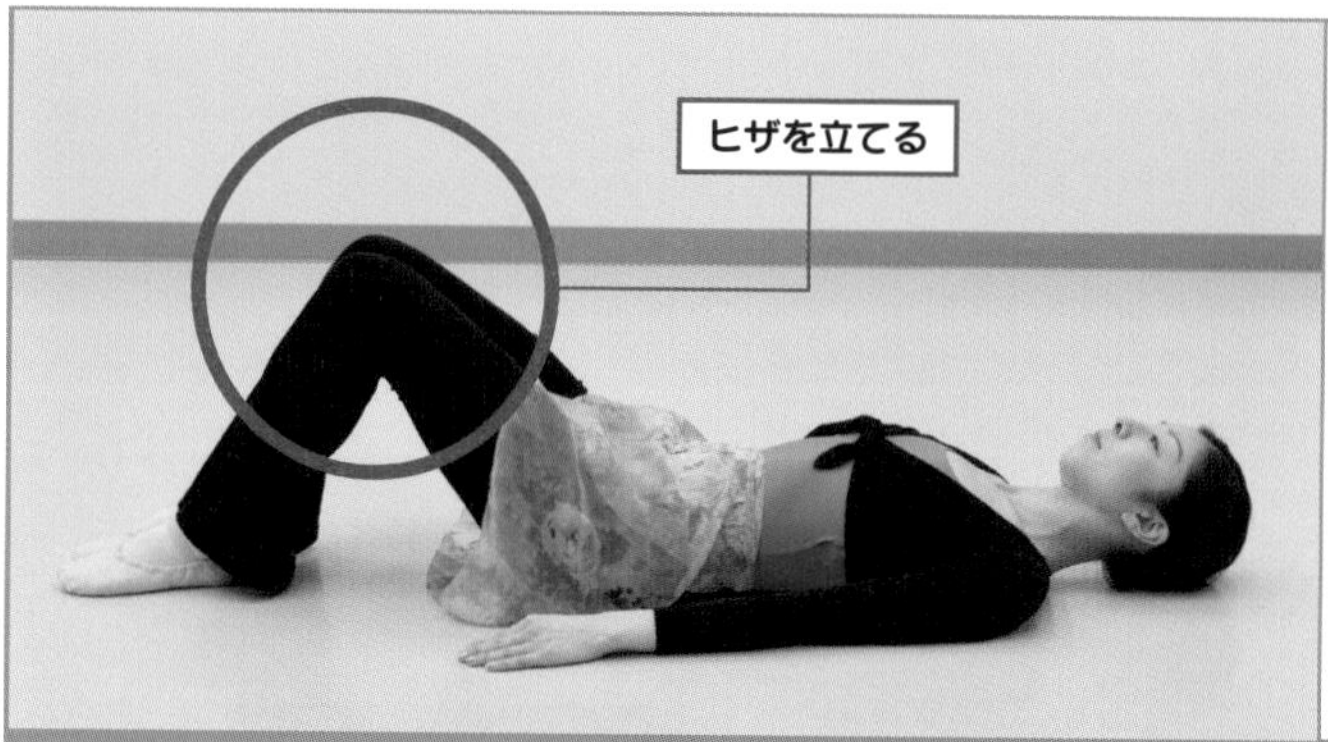

あおむけになり、ヒザを曲げて寝る。両手は自然と床において。

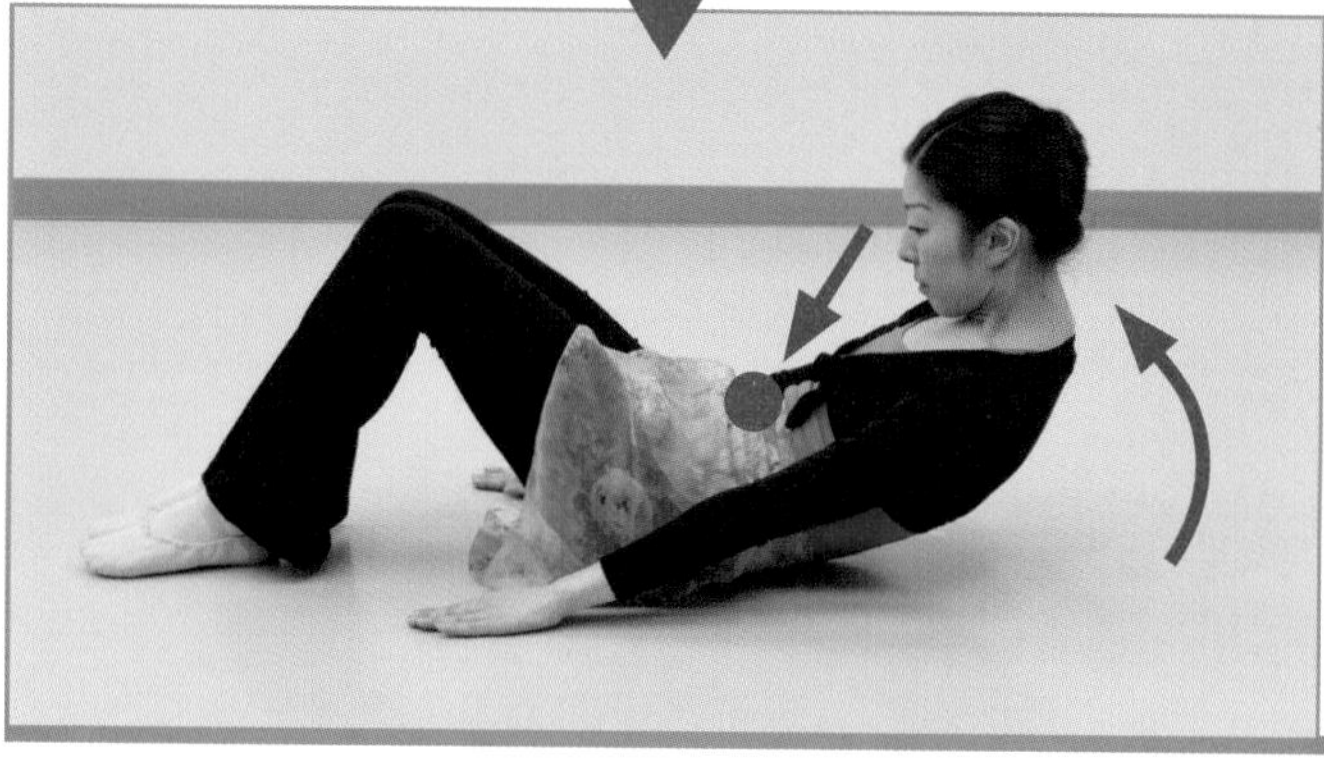

そのままの姿勢で、おへそを見るように上体をあげる。首に力はいれないように。

腹筋を鍛えて体の軸をしっかりと作る

バレリーナの体を見てもわかる通り、体表面にガチガチの筋肉はついていません。しかし、筋肉がなければ、バレエのような体を駆使した踊りは、踊れるものではありません。

つまり、バレエにおいて使われる筋肉は、その多くがインナーマッスルと呼ばれる、体の内側の筋肉なのです。

一般的にインナーマッスルを鍛えることは難しいといわれています。しかし、バレエのレッスンで正しい体の使い方をして行っていれば、踊るために必要なインナーマッスルは自然と備わってきますが、ここでは普段から行いたいトレーニング方法を紹介します。

まずは腹筋運動です。腹筋は体を支える筋肉です。軸をキープするためにもしっかりきたえましょう。

part 4

まだある覚えておきたいパ

大きなジャンプの助走に使ったり、移動するために使ったりと、様々な踊りのつなぎに使われるパを紹介します。
よりスムーズにレッスンを行うためにも、覚えておきましょう。

POINT 32

床をすべるように移動する

グリッサード

足のポジション◆5番からスタート

高く飛びあがらずに、すべるように移動します。歩いている感じにならないように、しっかりアン・ドゥオールしましょう。
CHECK POINT
①高く飛びあがらずに、床をすべるように移動する
②片足で踏み切り、片足で着地する
③助走のために使われる場合は、移動のスピードを利用して次につなげる
重心は片足に

高く飛びあがらず床すれすれを移動する

グリッサードは、「すべる」という意味を持つ言葉です。その言葉通り、床をすべるように移動するパです。

進行方向側の足を出し、もう一方の足で踏み切って、進行方向側で着地。もう一方を引き寄せて5番に戻ります。

ジャンプと違って、高く飛ぶ必要はありません。床をすべるように、床すれすれの場所を移動しましょう。

パとパのつなぎとしても使われ、古典作品のほとんどのヴァリエーション(男女ペアで踊るグラン・パ・ド・ドゥの中で、それぞれソロで踊るパートのこと)で使われているパでもあります。

また、大きなジャンプの前の助走では、前後のイメージで行い、スピードを利用しましょう。

CHECK POINT ③ 助走のためならばスピードを利用する

右前５番で両足プリエから、右足を横に出す。ここでは、腕をアン・バーで行う。

左足で踏み切って移動する。高く飛ぶのではなく、床をすべるように。

右足プリエで着地し、左足を前５番に入れる。すばやくスムーズに行うこと。

※ 足を入れ替えない場合もある

CHECK POINT ②

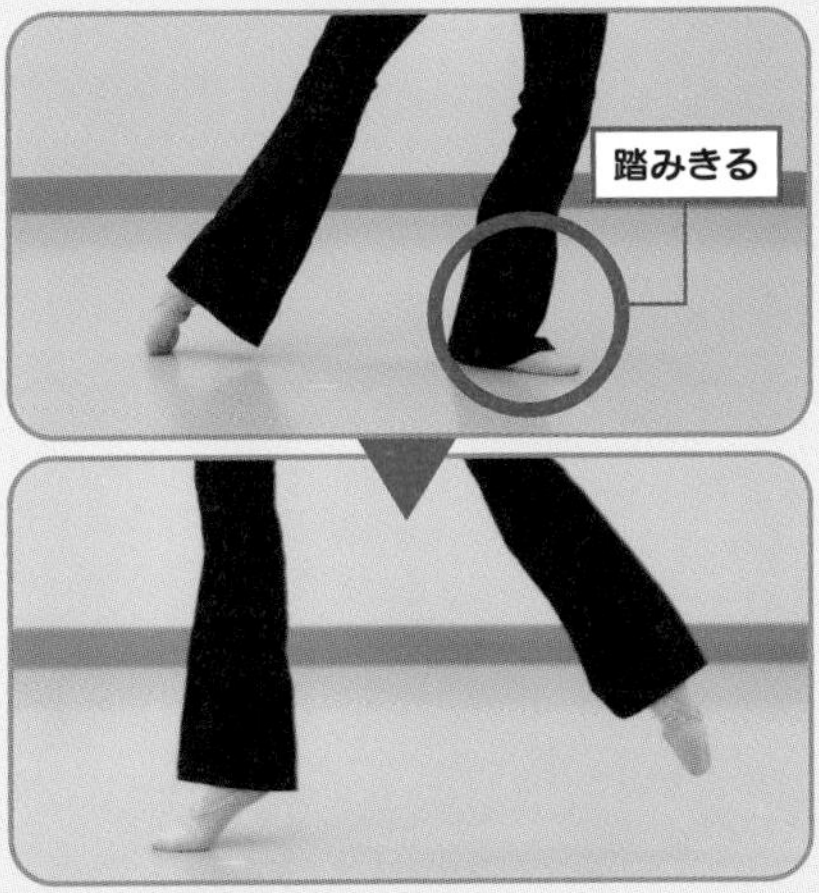

片足で踏み切る

左右、いずれに移動する場合も、踏み切りは片足で行う。そして、片足で着地する。とはいえ、CHECK POINT①で記載したように、高く飛ぶのではないので注意しよう。

CHECK POINT ①

床すれすれを移動する

「あめんぼ」が水の上を進むように、スッスッとグリッサードする。1、2と歩いているように見えやすいので、一瞬空中で両足を伸ばすとよいだろう。ただし、飛びあがる必要はないので、注意しよう。

POINT 33

後ろ足で前足を追いかけ空中で集める

移動や大きなジャンプのための助走といった意味合いの強いパ。前足を追いかけるようにして、前後左右に進みます。
空中で集める
CHECK POINT
①前足を後ろ足がおいかけるようにして進む
②空中で両足を集め、5番になる
③着地は後ろ足

前足を後ろ足が追いかけ空中で5番になる

シャッセとは、「追いかける」という意味を持ちます。

つまり、前足を後ろ足で追いかけるようにして進むパです。

前足をあげ、出した場所に足をつきます。そして、後ろの足でおいかけるようにして、両足でジャンプします。空中で両足を集め、5番の足を見せましょう。その後、後ろ足のドゥミ・プリエで着地します。

大きなジャンプの助走としてよく使われます。また、踊りの中で移動したい場合にも使われる動きです。

連続して前、または横にシャッセすることを「ギャロップ」、左右交互に前へシャッセすると「ツーステップ」と言います。

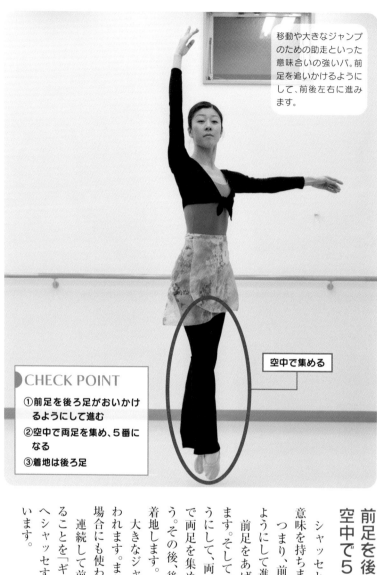

左足をプリエし、右足は床をこすりながら前へ出す。ジュテの位置に出すこと。

右足を出したところに、左足が追いかけていく感覚で、空中で５番になって前に進む。

後ろ足で着地する。続けて行う場合には、両足でプリエせず、左足でプリエし右足を前に出す。

CHECK POINT ①

前足を後ろ足がおいかけて進む

床をこすって前足を前に出す。バーレッスンのジュテ（レッスン10）の要領で行おう。そこで一度床に足をつけてから、後ろ足で追いかけるようにして進む。

CHECK POINT ②

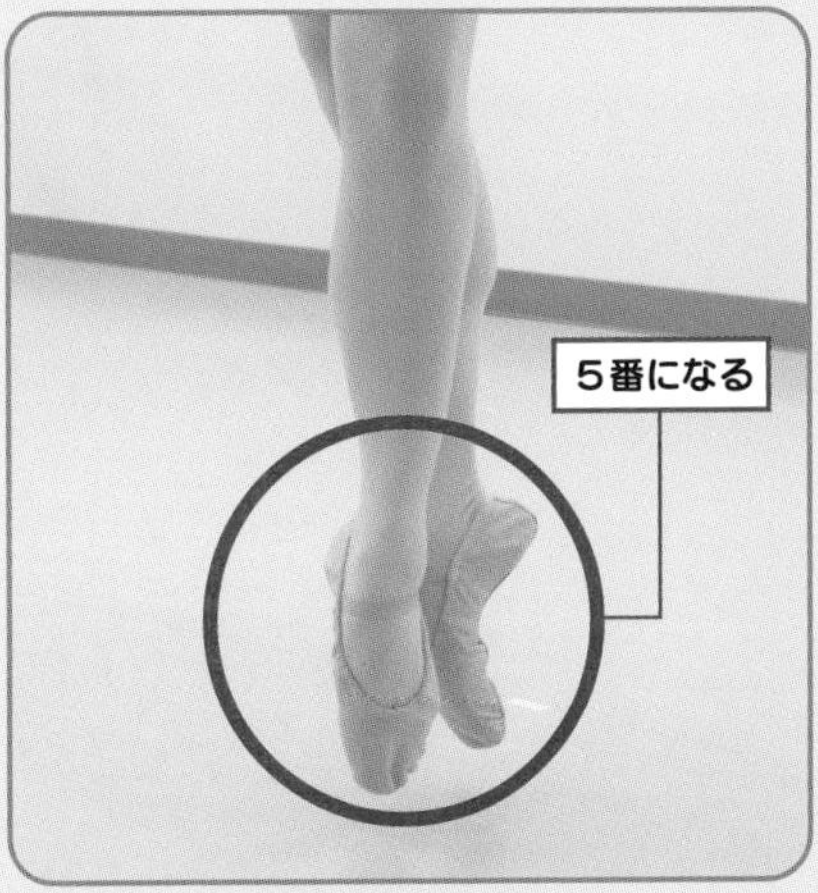

空中で５番になる

後ろ足で前足を追いかけ、空中で５番になる。後ろ足は、つねに後ろ５番に入れるので、シャッセで足が入れ替わることはない。続ける場合には、そのまま、前足を再度出して進む。

POINT 34

バランセ（左右）

一歩目を大きく踏み出す

ワルツのテンポでステップを踏むバランセ。3拍子をしっかりと踏むことが大切です。また、1歩目を大きく出すと、アクセントができ、美しくみえます。
ヒザは横に開く
CHECK POINT
①1歩目はアクセントになるように大きく踏み出す
②3歩確実にステップを踏む
③音にのり、優雅に動く

一歩目にアクセント大きく踏み出す

バランセとは、左右に揺れるという意味の言葉。言葉通り、左右の足を交互にドゥミ・プリエからドゥミ・ポアント、ドゥミ・プリエして、体を揺らすように動かします。

3拍子の動きで、ワルツに使われるステップの代名詞ともいえるパです。

一歩目にアクセントをおくように、大きく踏み出してプリエすることがポイント。

心の中で、「1、2、3」と音に合わせて数えながら動いてみましょう。そうすることで、確実に3歩、きちんと踏むことができます。

また、動きが途切れたり、ぎこちない動きにならないように、音にのって、優雅に、まるで貴族にでもなった気分で踊りましょう。

CHECK POINT ③ 優雅に動く

前足をつき、後ろ足はク·ド·ピエ。これが3歩目となる。しっかりとリズムを刻んで。

後ろ足はピケでドゥミ·ポアントになり、2歩目。前足は、ツマ先まで伸ばして、前に出す。

CHECK POINT ② 3拍子確実に踏む

横に右足を出し、そちらへ移動してプリエ。1歩目を大きく出して、踏み込む。

ワンランクアップ

足の動きに合わせて、腕もしなやかに流れるように使いたい。1歩目となる足を出すときに、腕をア·ラ·スゴンドにし、足を床につけたら、出した足と反対側の腕を前(アン·ナヴァン)に出す。そのまま、3拍子を踏み、次の1歩目を出すときに、再びア·ラ·スゴンドに。優雅に動かそう。

CHECK POINT ①

1歩目は大きく(プレパレーション)

3拍子のリズムは、1拍目にアクセントをつけると、わかりやすい。音の前のひと呼吸とともに、上に伸びながら、横にバットマンして大きく出し、一拍目をはっきりと踏もう。

POINT 35

体を揺らしながら前にバランセ

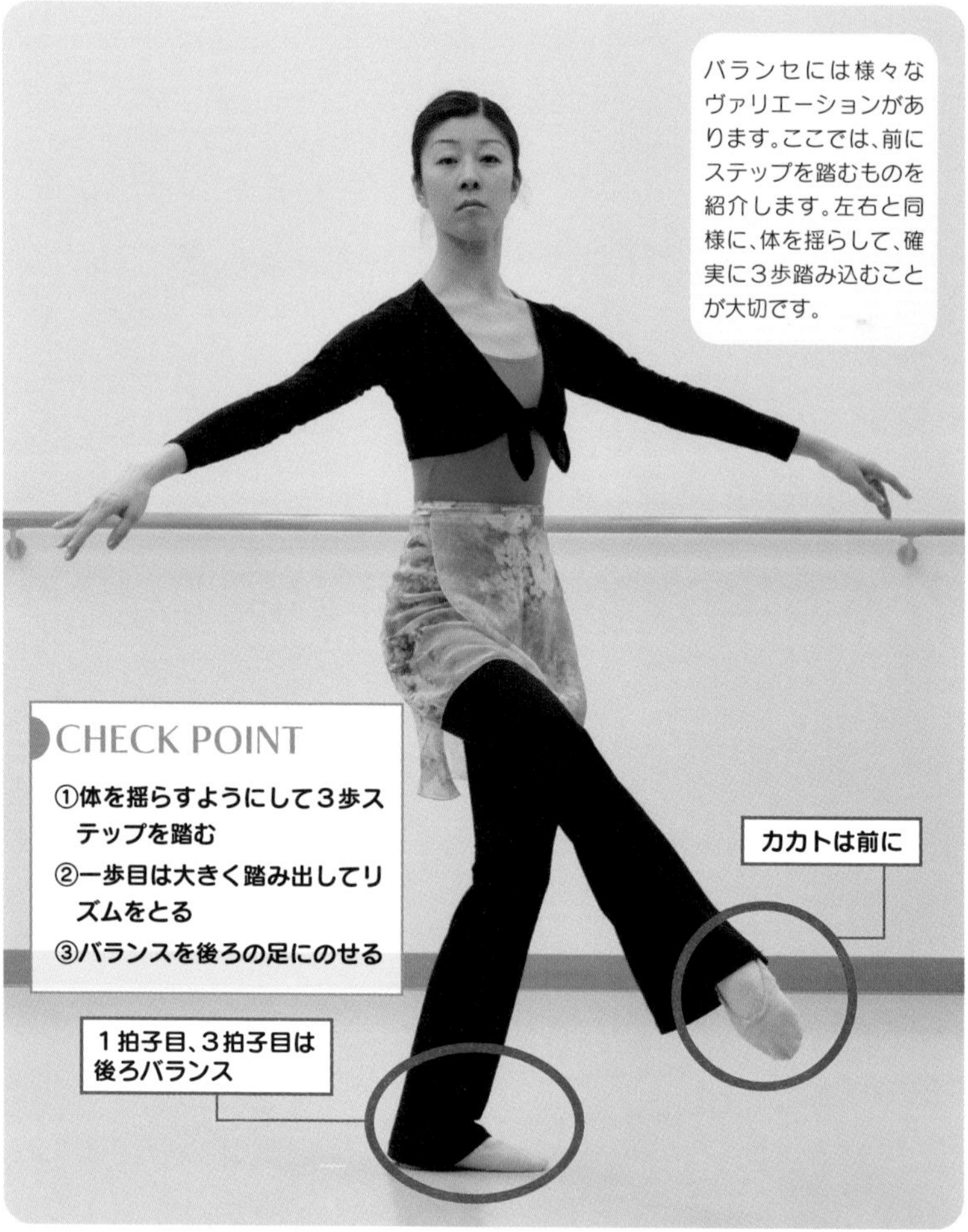
バランセには様々なヴァリエーションがあります。ここでは、前にステップを踏むものを紹介します。左右と同様に、体を揺らして、確実に３歩踏み込むことが大切です。
CHECK POINT
①体を揺らすようにして３歩ステップを踏む
②一歩目は大きく踏み出してリズムをとる
③バランスを後ろの足にのせる
カカトは前に
１拍子目、３拍子目は後ろバランス

バランスは後ろのまま1歩目は大きく出す

ポイント34で紹介したバランセの仲間ですが、足を前に出すパターンのバランセです。

ポイントは左右のバランセと同じく、一歩目を大きく出し、3歩確実に踏むこと。そして、バランスを後ろの足にのせておくことです。

バランセには、このように様々なパターンがあります。前だけでなく、後ろに動くこともありますし、「バランセ・アン・トゥールナン」といって回転しながらステップを踏むものもあります。

ワルツ以外でも使われるパですが、特に「くるみ割り人形」第二幕の「花のワルツ」、「眠れる森の美女」第一幕の「村人のワルツ（花輪のワルツ）」で多用されています。

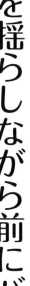

CHECK POINT ③ バランスは後ろ足

左足を前アティテュードにして、右足はプリエする。腕は、ア・ラ・スゴンド。

２歩目は、右足ピケでドゥミ・ポアントになる。左足は床から離れる。

最初の形に戻る。これが３歩目。続ける場合は、前足を横に出し、反対で同様に行う。

CHECK POINT ①

体を揺らして３歩踏む

背スジは伸ばしたまま、胸から上も足に合わせて、優雅に動かし、３歩確実にステップを踏むことが大切。体を横に揺らすようなイメージを持って。頭の中で「１、２、３」とカウントすると行いやすい。

CHECK POINT ②

１歩目は大きく(プレパレーション)

左右のバランセ同様、１歩目は音の前のひと呼吸とともに、横にバットマンして、大きく踏み出すこと。そうすることで、１拍目のアクセントがはっきりする。

POINT 36

上体を起こして背筋をきたえる

筋トレ② 背筋

CHECK POINT

①腕はアン・オーのまま、上体を反る
②後ろに足をあげるために必要な背筋をしっかりきたえる
③背中を縮めない

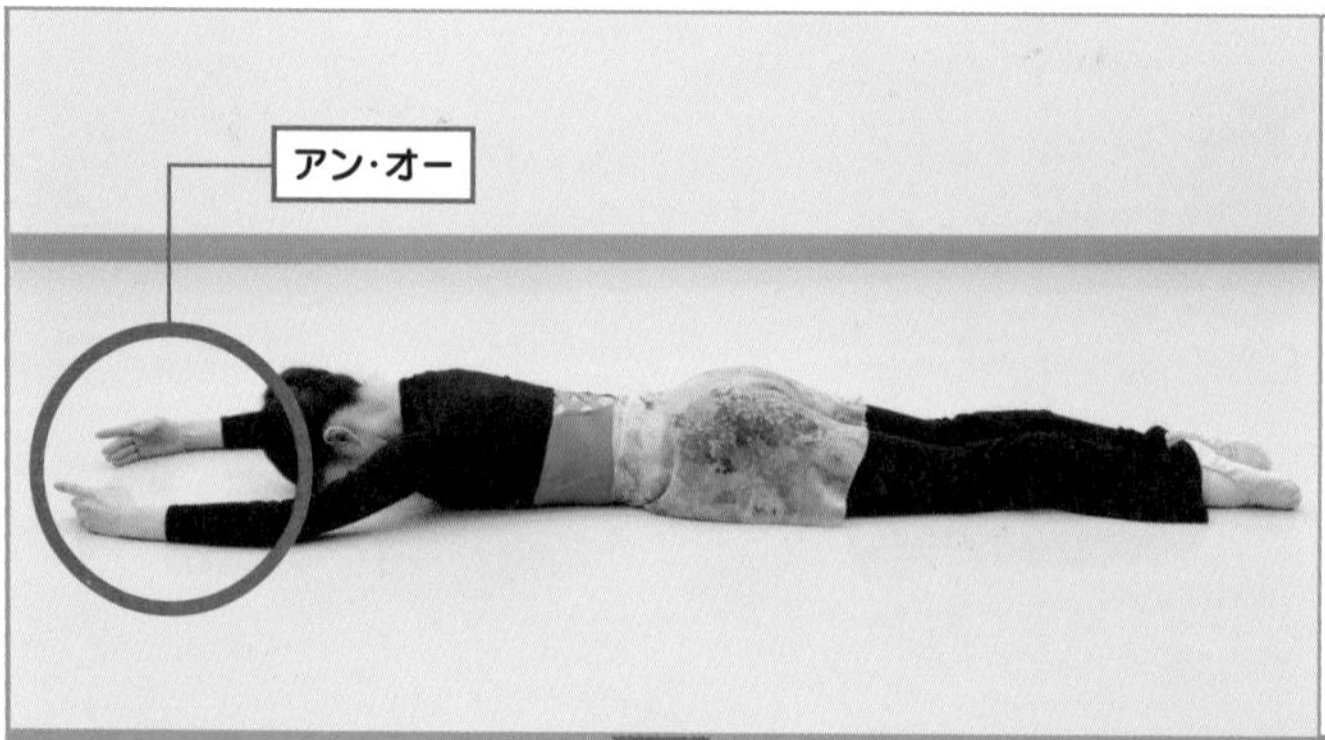

うつぶせになり、両腕はアン・オー。

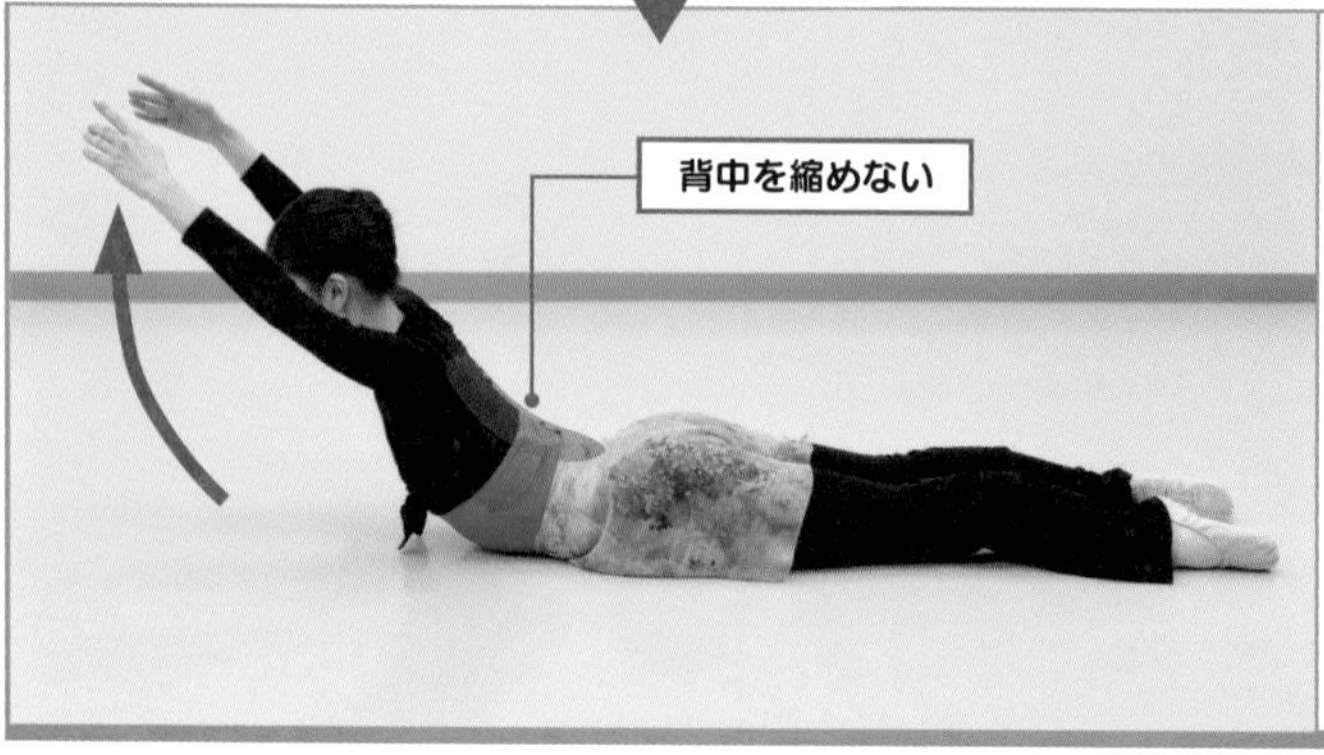

そのままの姿勢で、上体を起こし、後ろに反る。

腕をアン・オーにして後ろに反る

背筋は、腹筋と同様、体の軸を支えたり、また後ろに足をあげるときに必要な筋肉です。

アラベスクなど、足を後ろにあげてキープすることで美しいポーズを作るバレエでは、当然ながら背筋はとても大切な筋肉といえます。

うつぶせに寝て、腕をアン・オーにしたまま、起きあがりましょう。背中を縮めないように、背スジを伸ばして行います。

始めは、ほとんど上体があがらないかもしれませんが、繰り返しきたえるうちに、筋肉がつき、上体があがるようになります。

継続して筋トレを続けましょう。

part 5

ポアントを履いて動きましょう

憧れのポアント。しかし、履いたからといってすぐに踊れるようになれるわけではありません。
ここでは、ポアントの基本を紹介します。
まずは、基本を練習し、体をならしましょう。

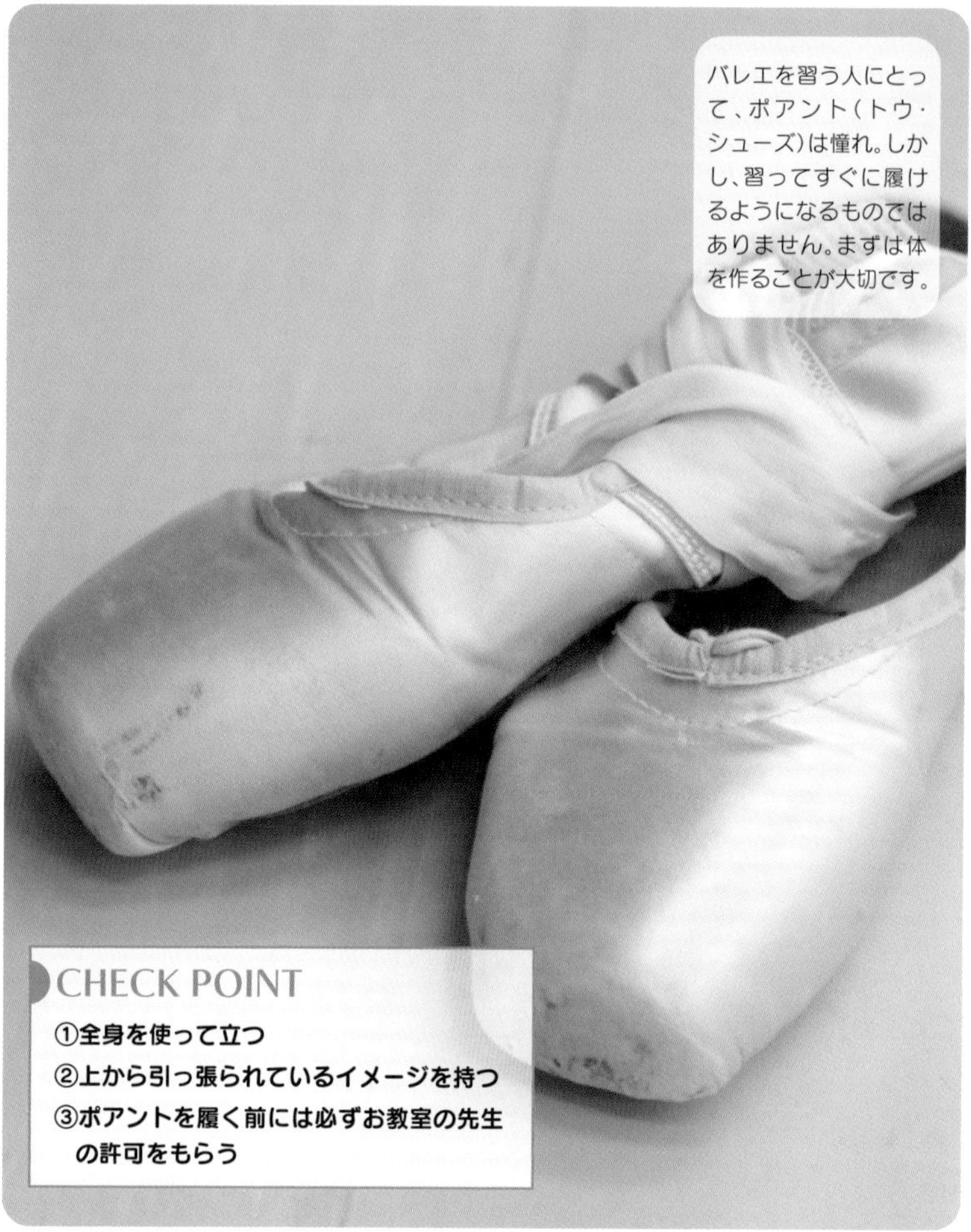
バレエを習う人にとって、ポアント（トウ・シューズ）は憧れ。しかし、習ってすぐに履けるようになるものではありません。まずは体を作ることが大切です。

CHECK POINT
①全身を使って立つ
②上から引っ張られているイメージを持つ
③ポアントを履く前には必ずお教室の先生の許可をもらう

POINT 37

足だけでなく全身を使って立つ

体の重心を高く保ち全身を使う

バレエというと思い浮かぶのは、なんといってもポアントでしょう。トウシューズとも呼ばれ、ツマ先を使って立つシューズのことを指します。

しかし、ポアントはバレエを習い始めてすぐに履けるものではありません。足の先に全体重をかけて立つのですから、充分に訓練されていない体でポアントを履いては、ケガや故障の原因になります。ポアントを履いて踊れるようになるまでの期間には、個人差があります。必ず、お教室の先生から許可が出てから履きましょう。

ポアントで立つときは、足の先だけで立とうとせずに、全身を使って立つことを意識するのが最大のポイントとなります。上へ上へと体が引っ張られているイメージを持ちます。

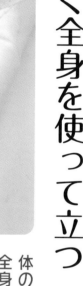

CHECK POINTを確認！
上から引っ張られている感覚で、全身を使い立つ。ポアントは、許可が出てから履くこと！

全身を上へと引きあげることを意識して立つ。足はつけ根からしっかりとアン·ドゥオールして交差させ、1本になったようなイメージで。

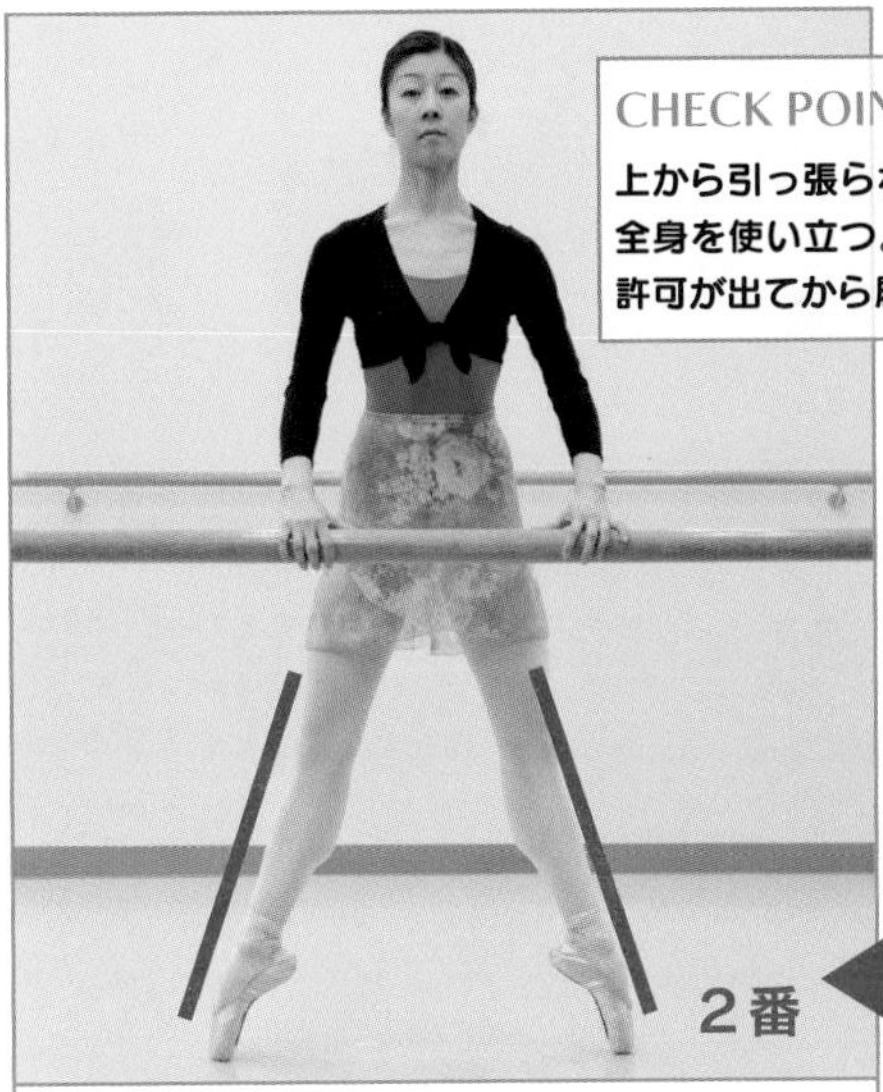

体重がツマ先全体にかかるように、前にも後ろにも倒れないこと。ヒザ、足の甲をしっかりと伸ばすことも大切。

ココに注意！①

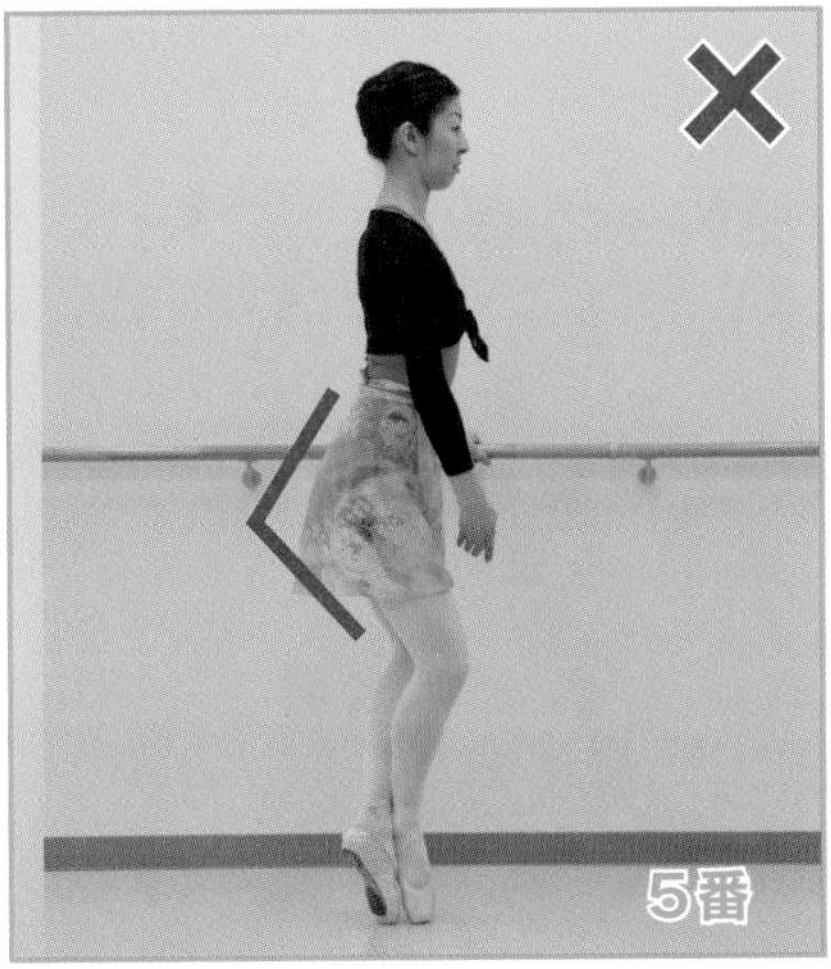

ポアントは、想像以上にツマ先に負荷がかかる。上半身が休んでいると、足の甲がしっかりと伸びず、ヒザが曲がってしまう。こうするとさらにツマ先への負荷がかかり、ポアントで動きにくくなる。腹筋を使って、天井から引っ張られているイメージで、上へ伸びよう。

ココに注意！②

ツマ先で立つと、床との接地面が少ないため、バランスがとりづらく感じる人も多い。そのため、写真のように背が反り、お腹を突き出してしまいやすい。腹筋でしっかりと背骨を支え、体が真っすぐになるよう意識しよう。基本はドゥミ·ポアントで立った姿勢とかわらない。

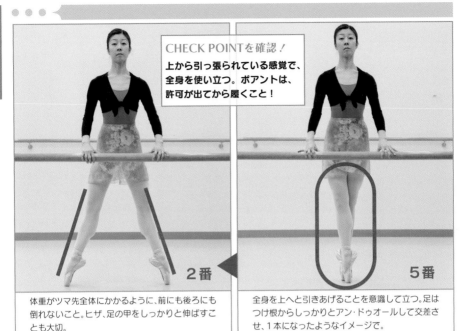

POINT 38

真っすぐに甲を押し出す

ポアントの足慣らし①

足のポジション◆6番からスタート

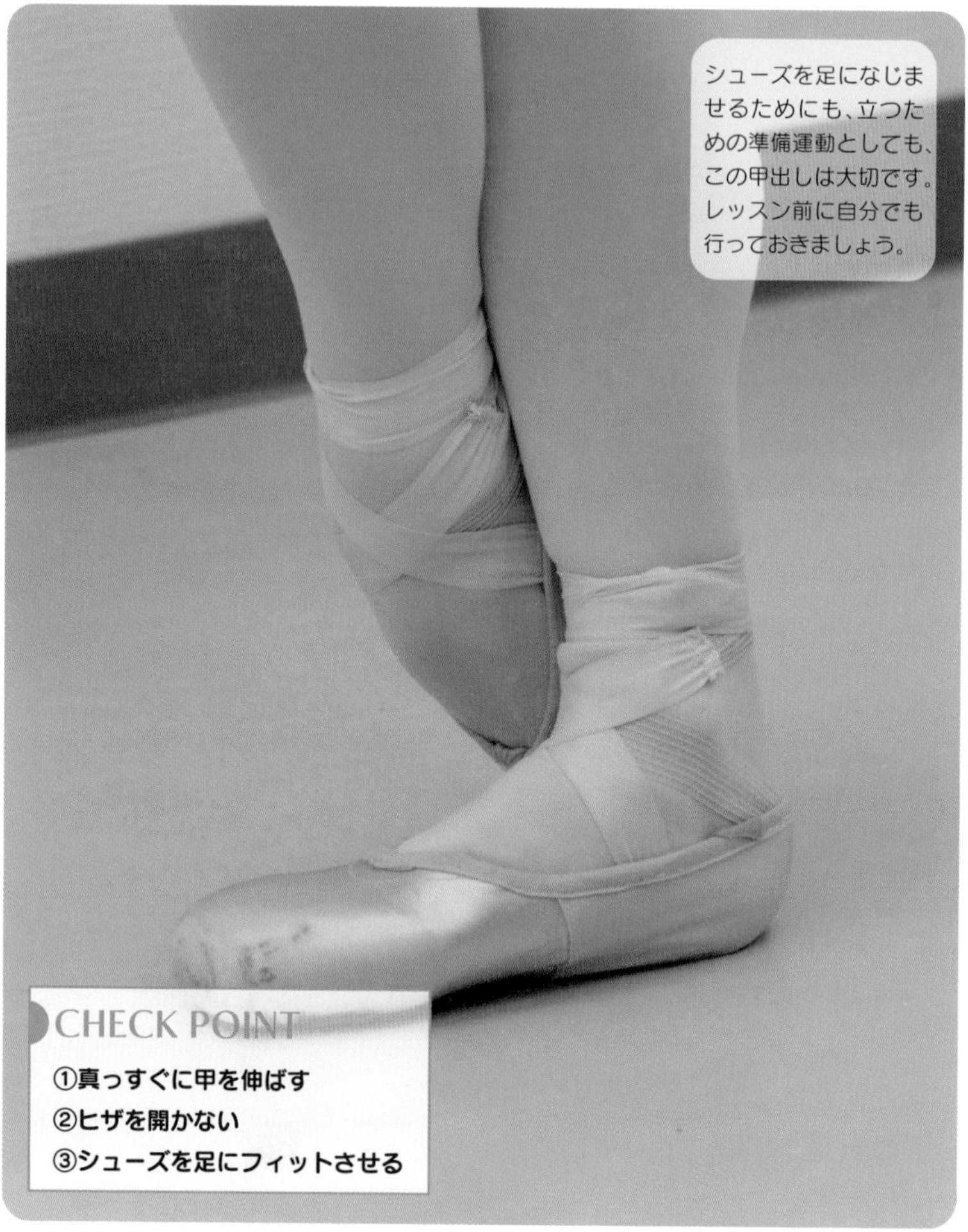
シューズを足になじませるためにも、立つための準備運動としても、この甲出しは大切です。レッスン前に自分でも行っておきましょう。
CHECK POINT
①真っすぐに甲を伸ばす
②ヒザを開かない
③シューズを足にフィットさせる

甲を真っすぐ出し カカトを逃がさない

ポアント（トウシューズ）は、床と接地する部分（つまりツマ先部分）が平らになっており、ここで立ちます。ツマ先部分、足裏部分は、購入時には足を守るために非常に硬くなっています。そこで、これを足によりフィットするように慣らしていきます。

また、ポアントを履いたからといっていきなり踊れるものではありません。足を慣らすためにも、十分な予備練習が必要となります。

まず、始めに足の甲を出す練習を行いましょう。

ポアントで立つには、甲が出ていた方が美しく、体重がツマ先にのりやすくなります。片足ずつしっかりと甲を出し、ストレッチの要領で甲を伸ばします。

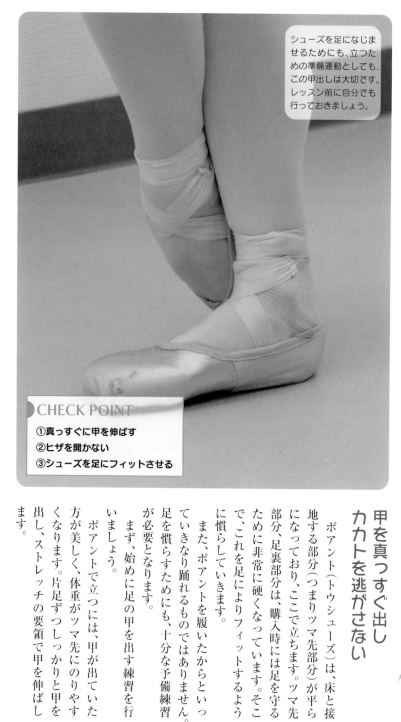

両手でバーにつかまり、6番で立つ。初心者は必ず両手バーで行いたい。

足をひっかけるようにして、右足ツマ先を左足の外がわのくるぶしの横に置く。

CHECK POINT ③
足にシューズをフィットさせる

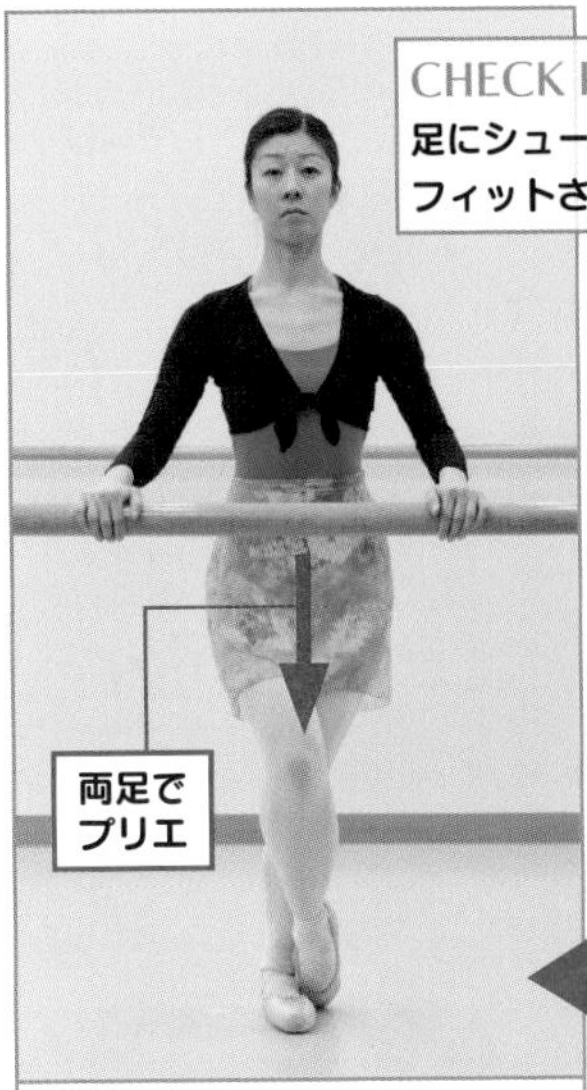

両足でプリエ。左足ヒザでふくらはぎを押すようにして、右足の甲を出す。反対足も同様に。

CHECK POINT ①

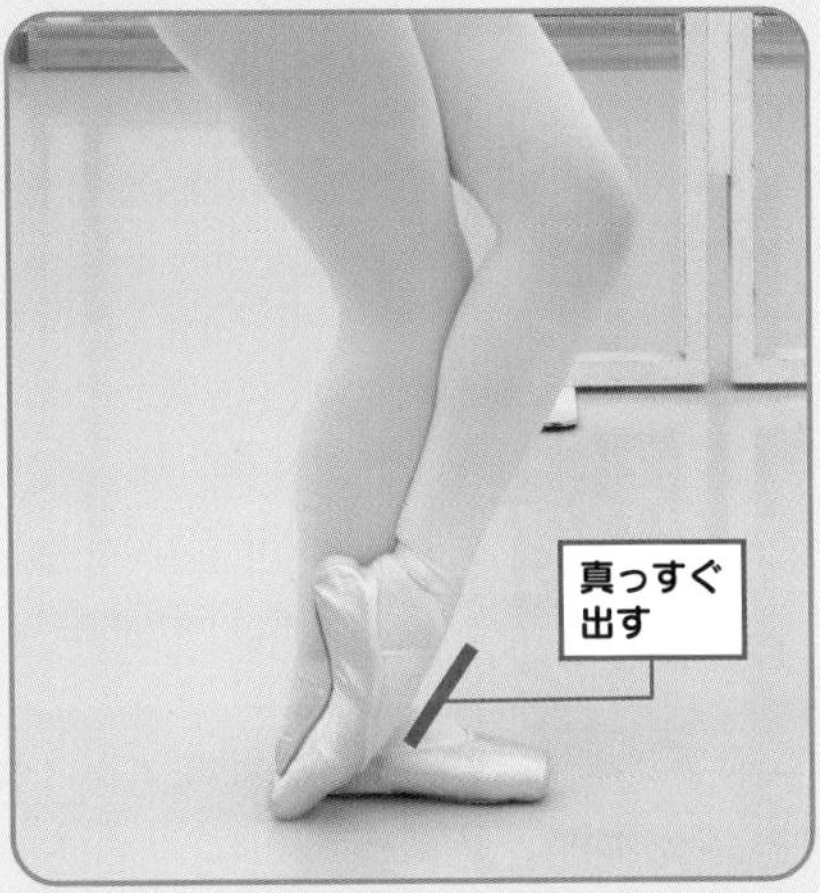

甲は真っすぐに押し出す

プリエし、甲はスネから中指までをまっすぐに押し出すことが大切。甲が違う方向を向くと、足首を痛める原因になりうる。足首をねじらずに行うよう意識しよう。

CHECK POINT ②

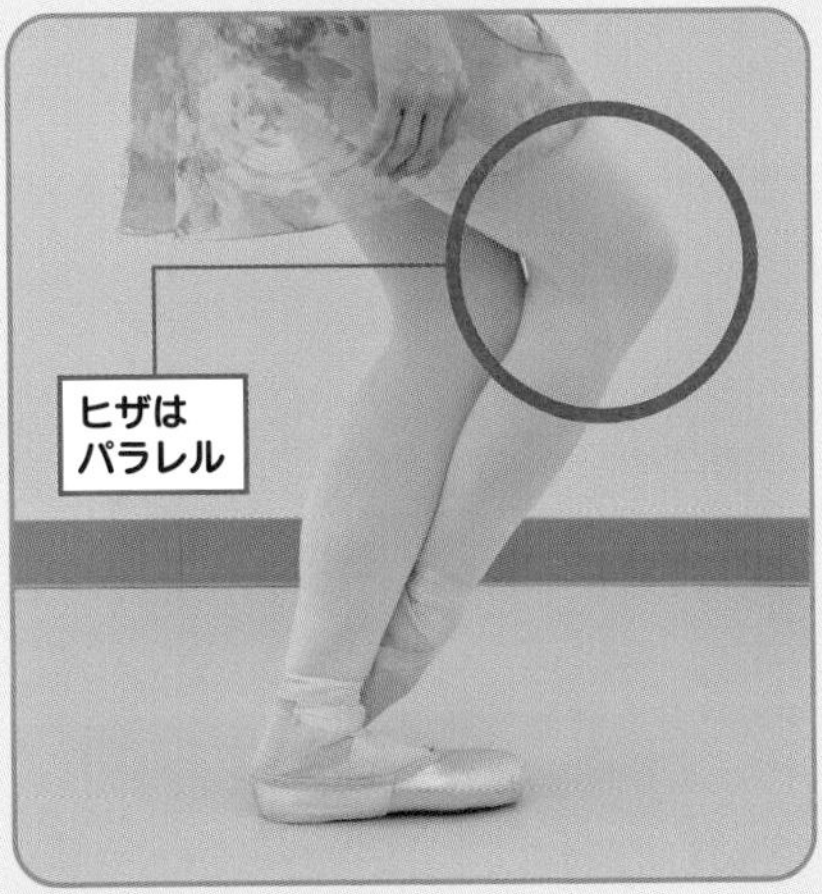

ヒザを開かない

ヒザが外側に向きがちだが、ここではアン・ドゥオールせず、パラレル（＝平行）に保つ。そうすることで、CHECK POINT①の甲を正面に伸ばしやすくなる。

POINT 39

ツマ先に立つことを意識する

ポアントの足慣らし②

足のポジション ◆ 6番からスタート

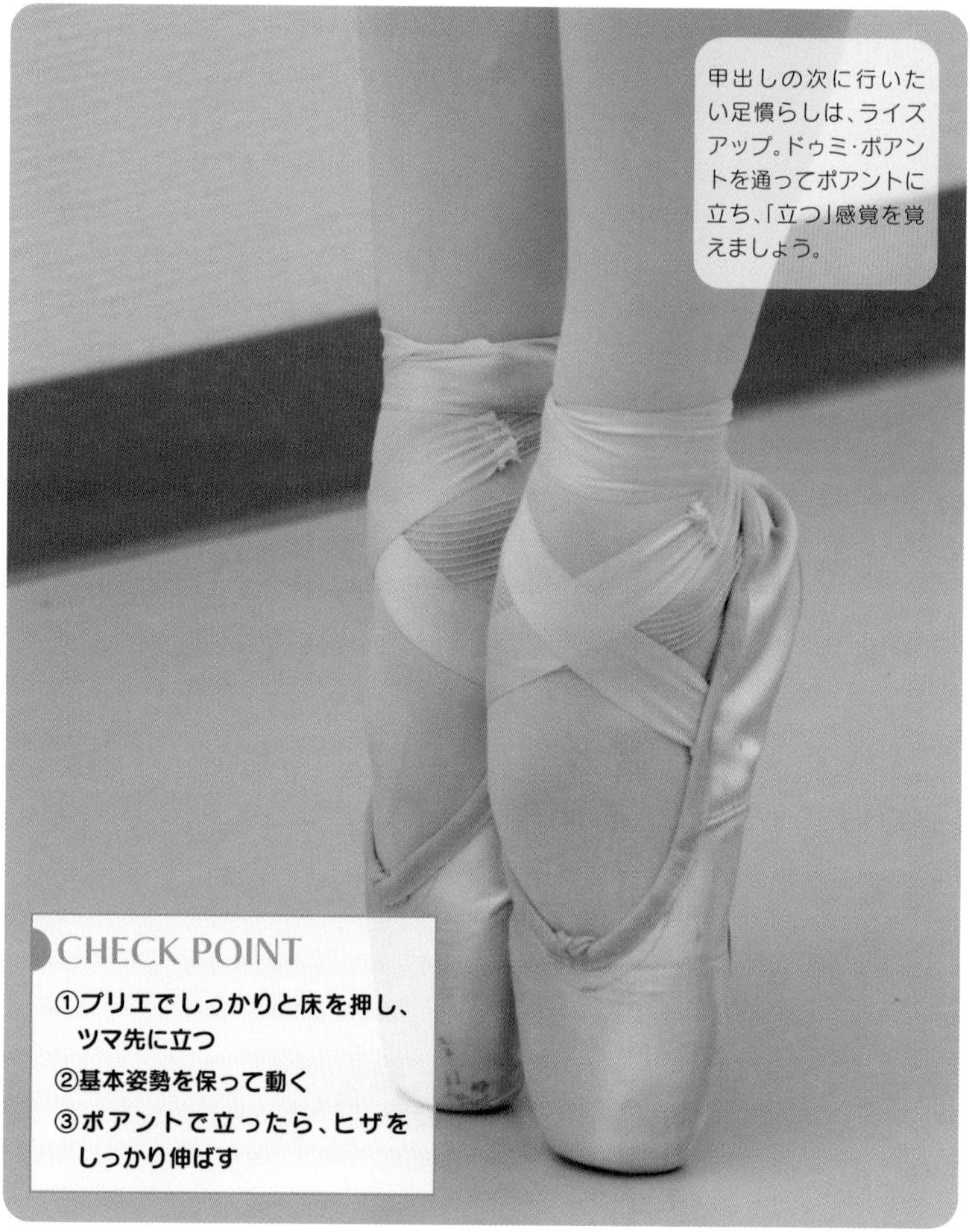
甲出しの次に行いたい足慣らしは、ライズアップ。ドゥミ・ポアントを通ってポアントに立ち、「立つ」感覚を覚えましょう。

CHECK POINT
①プリエでしっかりと床を押し、ツマ先に立つ
②基本姿勢を保って動く
③ポアントで立ったら、ヒザをしっかり伸ばす

プリエで床を押しツマ先の上に立つ

ポイント38の足慣らしが終わったら、次はライズアップの練習を行います。これも同じく、足を慣らすための練習になりますので、ポアントを履いたら必ず行いましょう。ドゥミ・ポアントを通って、ポアントで立ちます。ゆっくりと動きましょう。

ポアントに立ったら、しっかりと床を押して、ツマ先の上に立つことを意識しましょう。ヒザを伸ばし、ドゥミ・ポアントを通っております。次に、足を床につけたまま、しっかりとプリエし、そこから一気にポアントに立ちます。

この動きを、6番、1番（場合によっては2番も）の足で行います。

いずれも、基本姿勢を変えずに、上体はあくまでも上を意識することが大切です。

足を6番にし、両手バーで立つ。初心者は、始めは両手バーで行った方が安心だ。

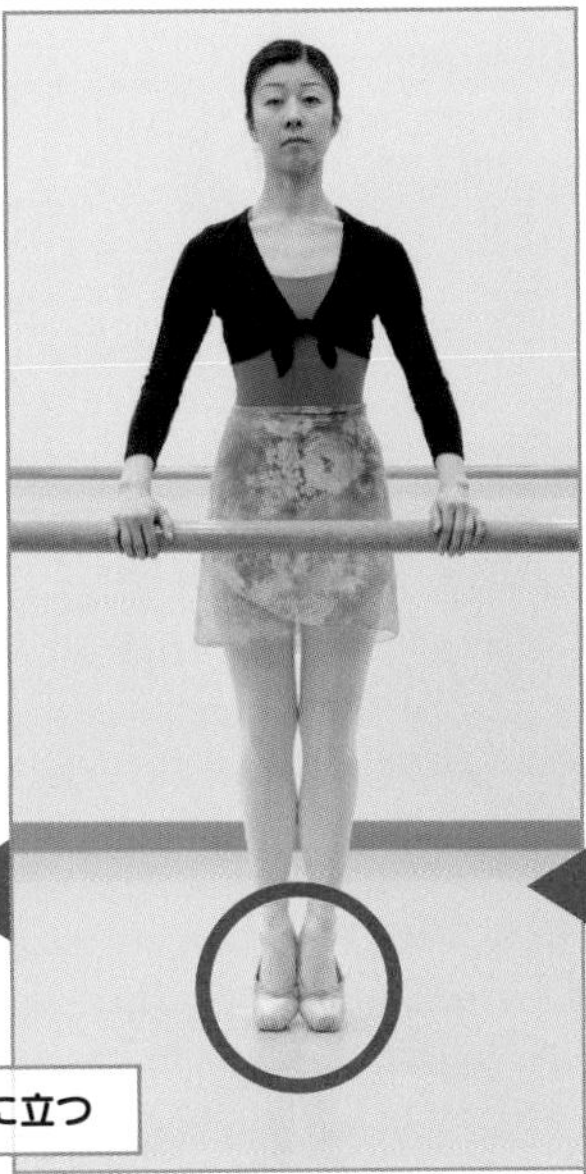

姿勢を崩さずに、ゆっくりとドゥミ・ポアント。指をしっかりと折り曲げよう。

CHECK POINT ① **ツマ先に立つ**

ドゥミ・ポアントから甲を押し出すようにして、ポアントに。ツマ先全体に体重を乗せる。

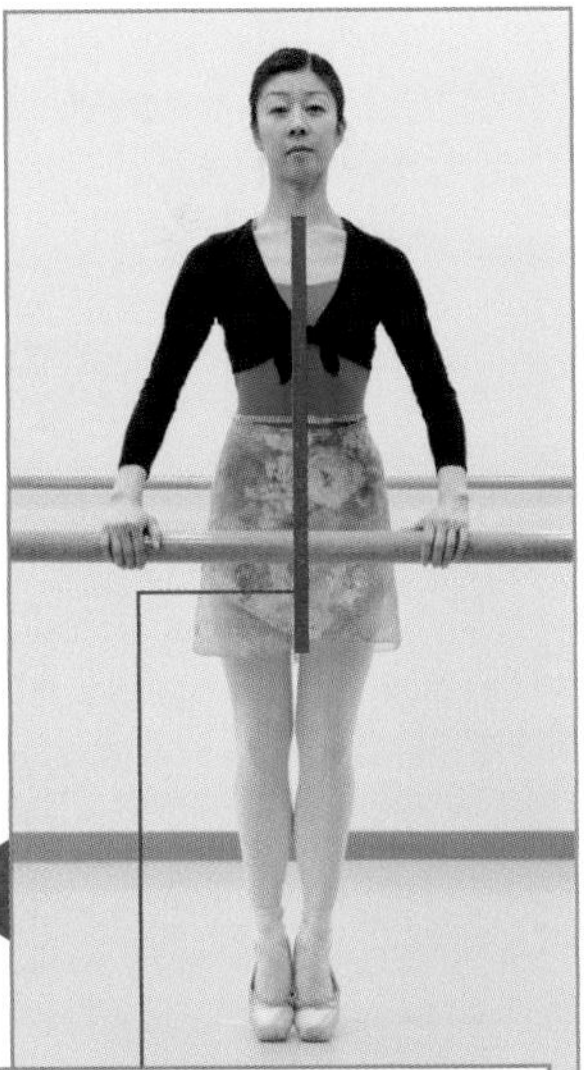

CHECK POINT ② **基本姿勢はつねに保つ**

ゆっくりと指を曲げて、ドゥミ・ポアントを通って、6番に戻る。

続いて、6番のドゥミ・プリエを行う。足裏全体で床を押すことを心がけよう。

CHECK POINT ③ **ヒザをしっかり伸ばす**

ドゥミ・プリエから一気にポアントへ。ドゥミ・プリエに戻る。同様に、1番の足でも行う

POINT 40

スポイトで水を吸いあげるように足を寄せる

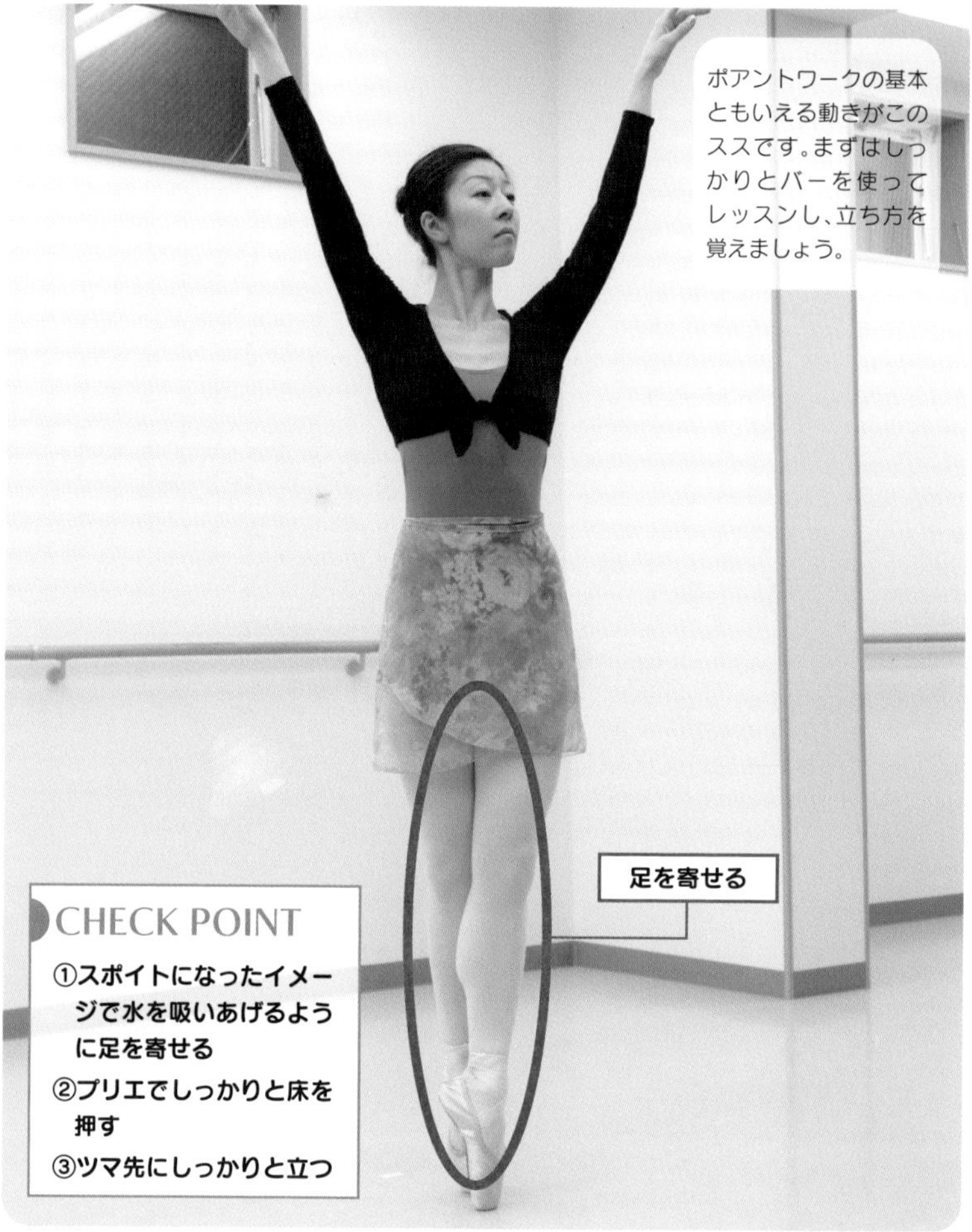
ポアントワークの基本ともいえる動きがこのススです。まずはしっかりとバーを使ってレッスンし、立ち方を覚えましょう。
足を寄せる
CHECK POINT
①スポイトになったイメージで水を吸いあげるように足を寄せる
②プリエでしっかりと床を押す
③ツマ先にしっかりと立つ

水を吸いあげる感覚で足を一本に寄せる

ススとは、5番の足から左右のツマ先を重ねるようにして引き寄せてポアント（またはドゥミ・ポアント）で立つ動きをいいます。

ポアントの練習において、このススで立つ動きは基本ともいえます。

プリエでしっかりと床を押し、一気にポアントに立ちます。スポイトで水を吸いあげるイメージで足を一本に寄せて、しっかりとツマ先に立つことを意識しましょう。

当然ながら、バーにつかまらずに美しい姿勢で立てるようになるのが目標ですが、初心者はまずバーにつかまりながら練習します。

バーにしがみつくのではなく、体を支える程度に、軽く手をそえるようにして持ちます。

右足前5番で、両手でバーにつかまって立つ。ヒザはしっかり伸ばそう。

そのままの姿勢で、ドゥミ・プリエ。足の裏で床を押しつけること。

足を寄せて、5番ポアントに立つ。ドゥミ・プリエにやわらかくおりる。

CHECK POINT ①

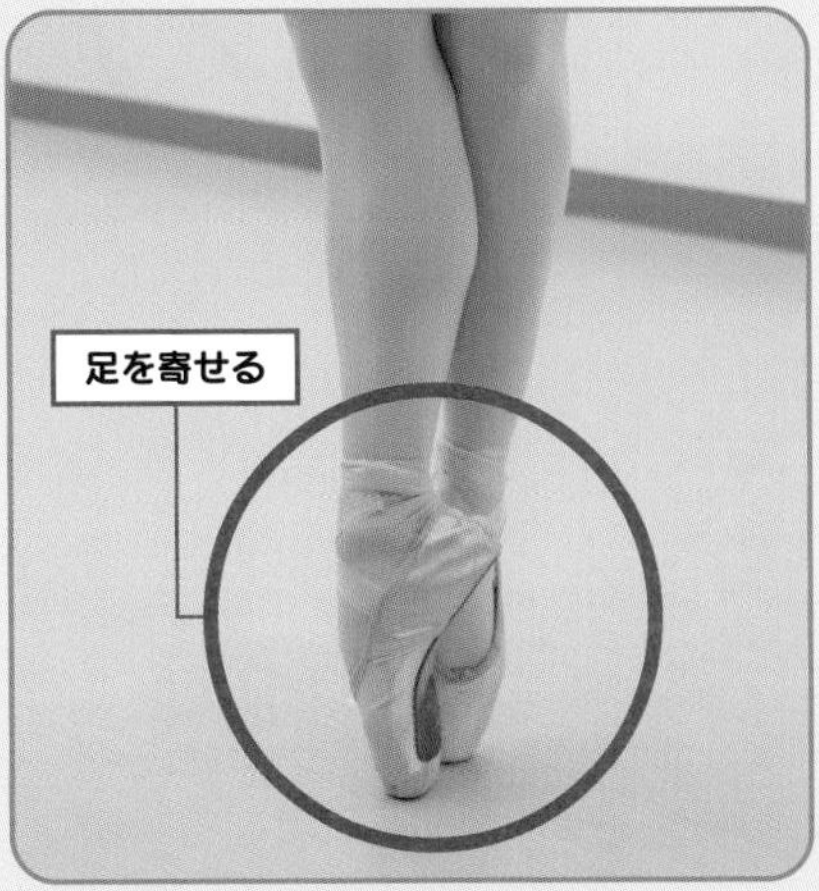

水を吸いあげるように足を寄せること

5番プリエからそのまま立つと、ツマ先同士が離れた、あまり美しくない立ち方になる。そのため、ポアントで立つと同時に、両足のツマ先を引き寄せ、写真のように足を1本にして立つ。

CHECK POINT ②

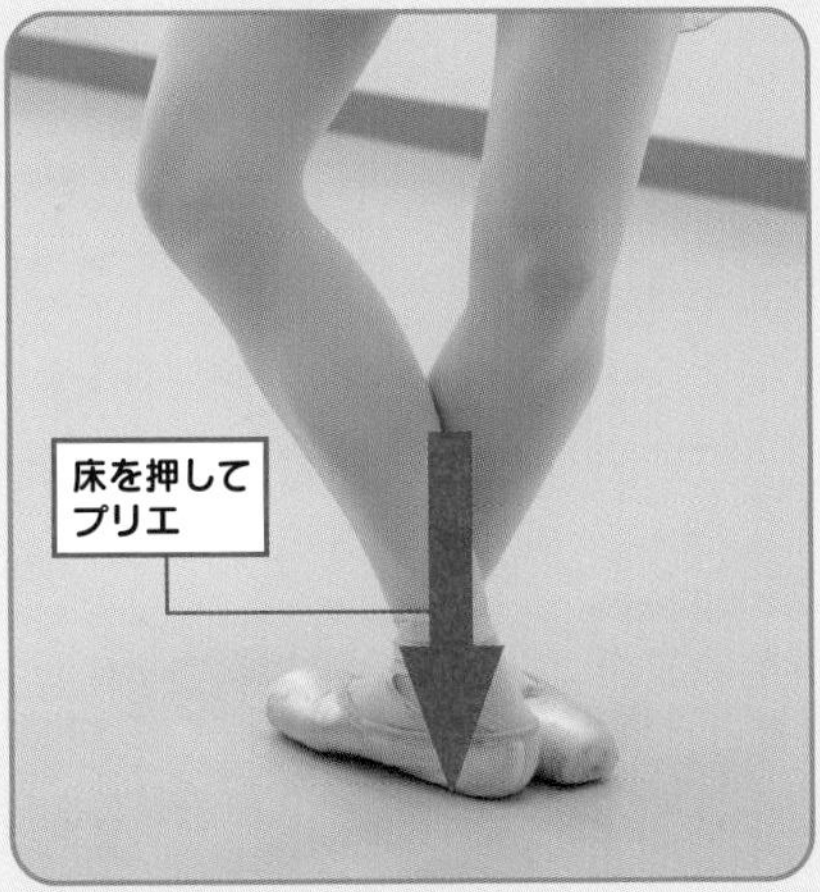

床をしっかりと押してプリエ

ポアントで立つためには、プリエでしっかりと床を押し、「準備」することが重要だ。床を足裏全体で押して、力をためるようにし、そこから一気にポアントに立つ。

POINT 41

ドゥミ・ポアントと同じく三角形の塔を作る

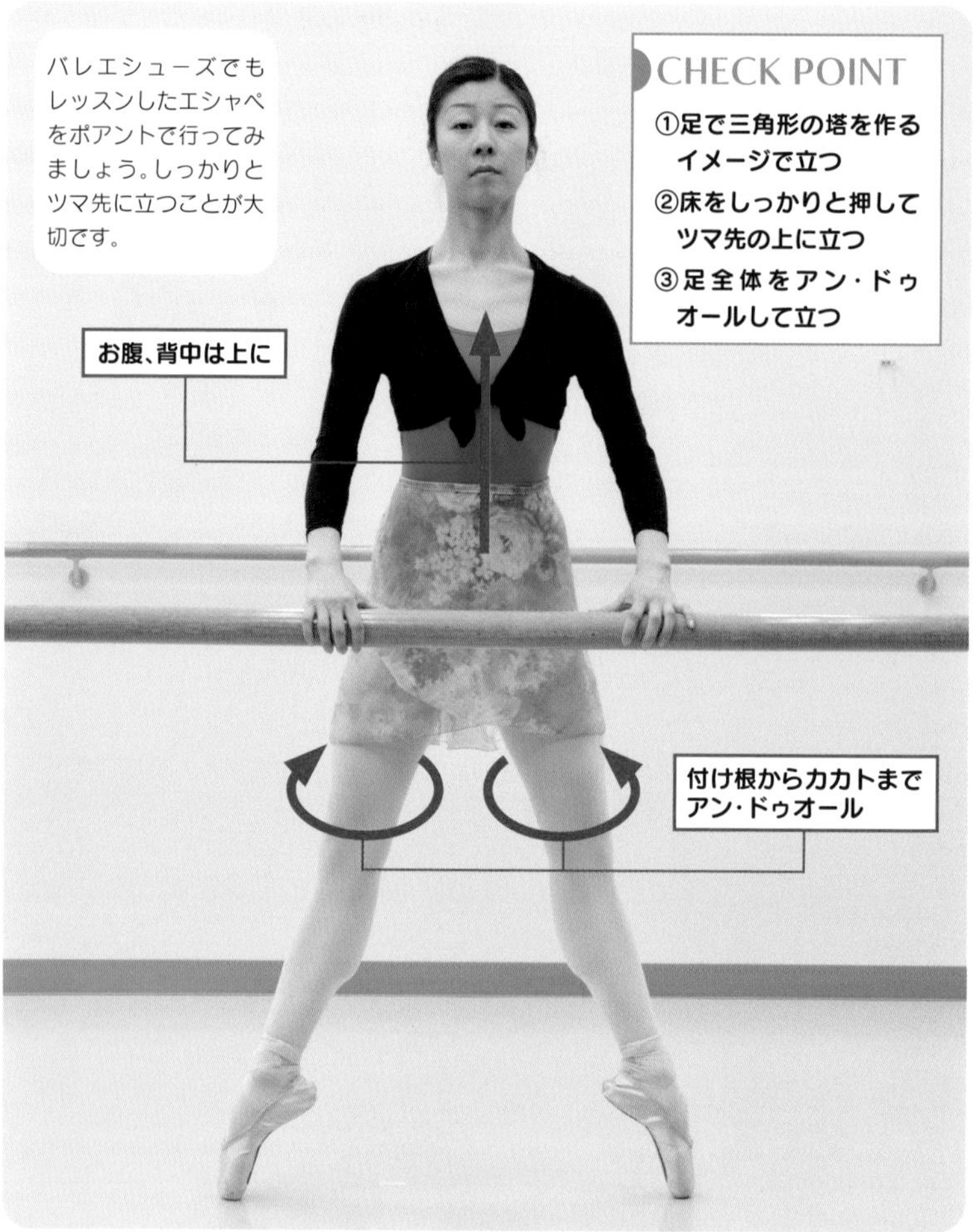
バレエシューズでもレッスンしたエシャペをポアントで行ってみましょう。しっかりとツマ先に立つことが大切です。
CHECK POINT
①足で三角形の塔を作るイメージで立つ
②床をしっかりと押してツマ先の上に立つ
③足全体をアン・ドゥオールして立つ
お腹、背中は上に
付け根からカカトまでアン・ドゥオール

足の付け根からツマ先で三角形の塔を作る

ポイント19で紹介したエシャペをポアントで行います。ポイント19ではセンターで行いましたが、ポアントではまずはバーにつかまって行いましょう。

美しく見せるためのポイントは、シューズと同様。足で三角の塔を作るイメージを持って、しっかりと床を押して立ちます。ポアントの立ち方の注意点と同様に、ツマ先に真っすぐ立つことを意識しましょう。

また、カカトが内側に入りやすいため、しっかりとアン・ドゥオールすることも大切です。

さらに足の甲、ヒザをしっかりと伸ばし、美しい三角形を作って下さい。

きれいな姿勢で立てるようになって初めて、ポアントでのセンターレッスンに移行します。

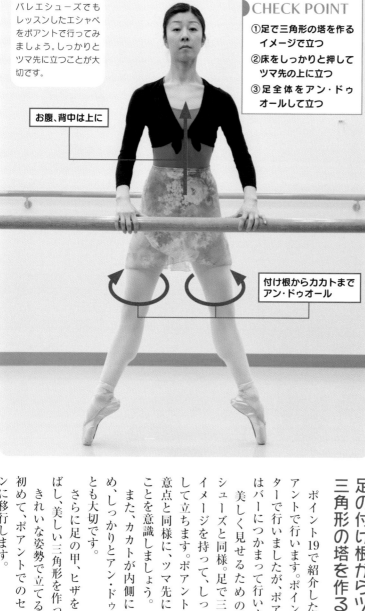

CHECK POINT ③ 足全体でアン・ドゥオール

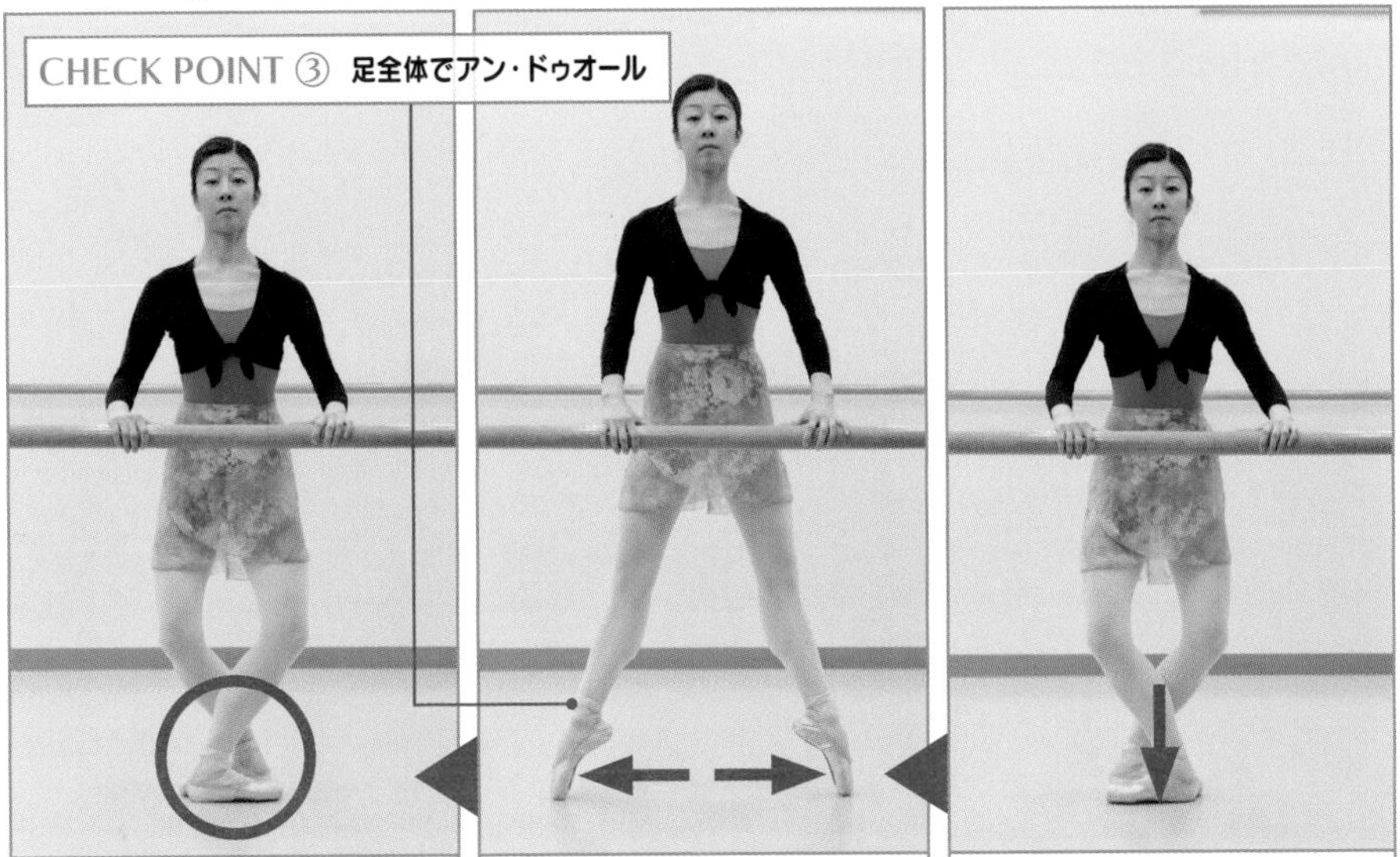

右足前５番で、両手バーで立つ。そのまま、床をしっかり押して、ドゥミ・プリエ。

足をスライドさせるようにして、2番ポアントにすばやく立つ。足で三角形を作るイメージ。

左足前５番のドゥミ・プリエにやわらかくおりる。続ける場合には、ここから２番ポアントへ。

CHECK POINT ①

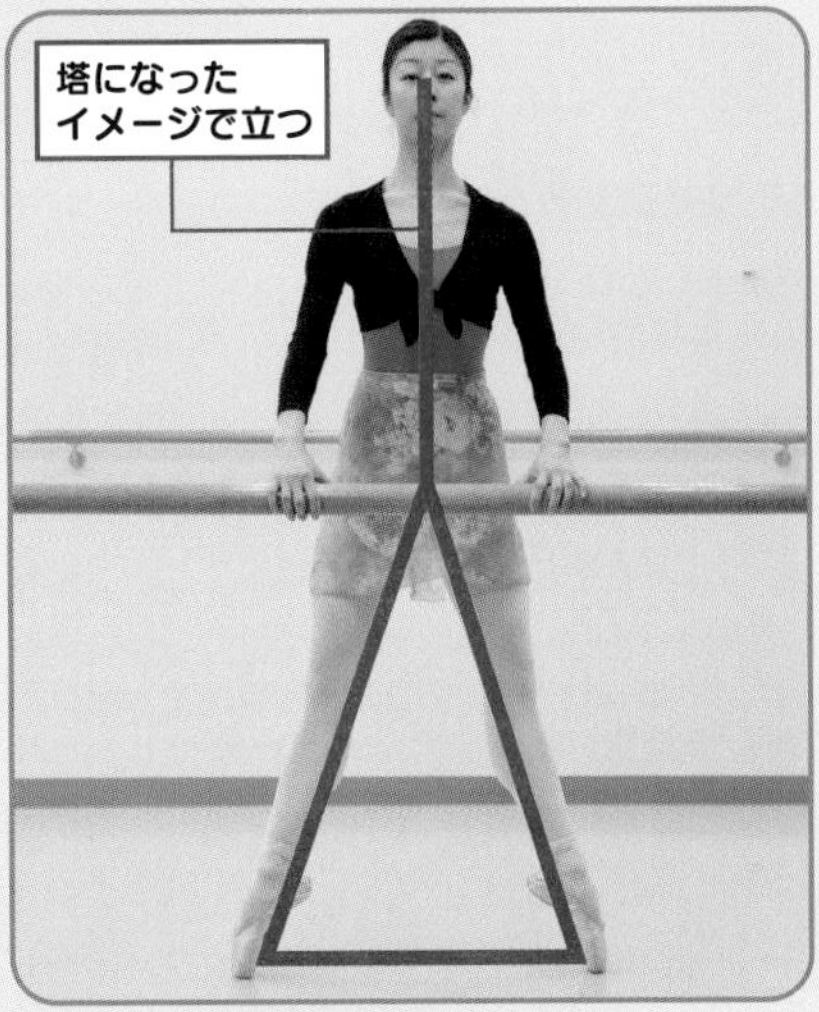
塔になった
イメージで立つ

三角形の塔を作る

バレエシューズで行う場合と同様に、足はつけ根からツマ先までを使って三角形を描く。美しく描けるように、ヒザ、足の甲をしっかり伸ばそう。

CHECK POINT ②

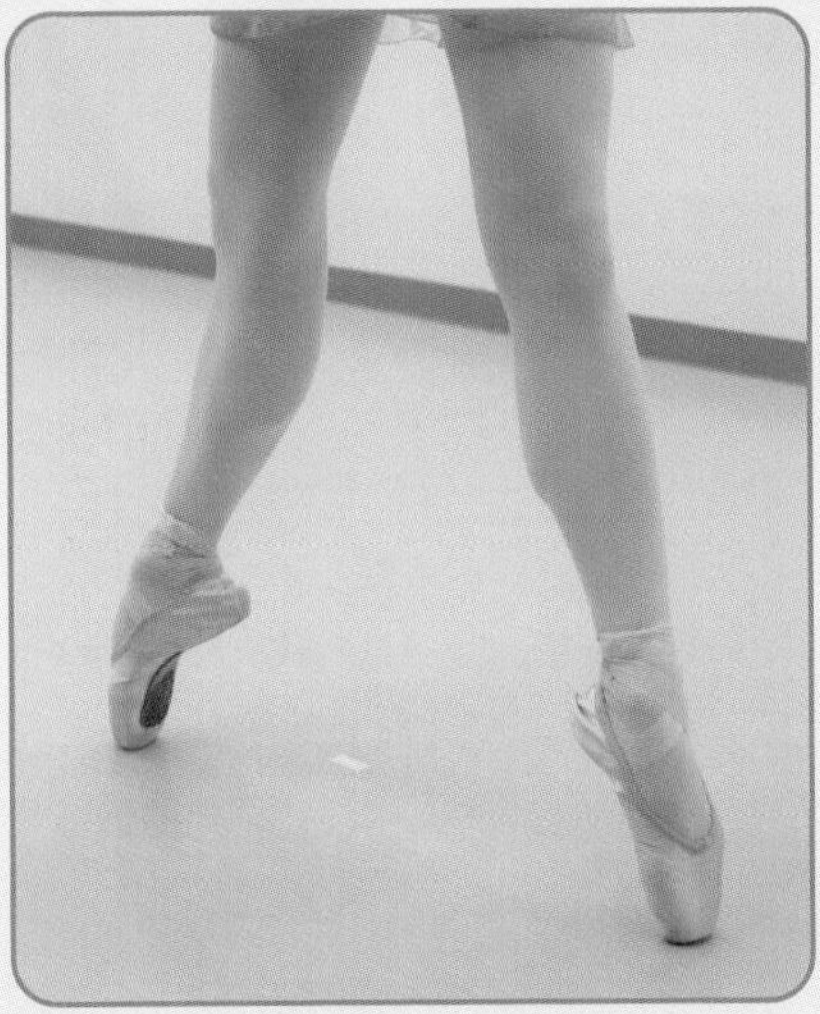

床を押しプリエからツマ先の上へ立つ

ポアントで立つためには、しっかりとプリエし、床を足裏全体で押して、そこから立つことが大切。立ったら、ツマ先の上に体重がのるように意識すること。

POINT 42

カカトをつけて遠くに伸ばす

CHECK POINT

①両カカトをつけて、足を遠くへ伸ばす
②お尻の筋肉をきたえ、アンディオールに必要な筋肉を得る
③ポアントにたえられる体を作る

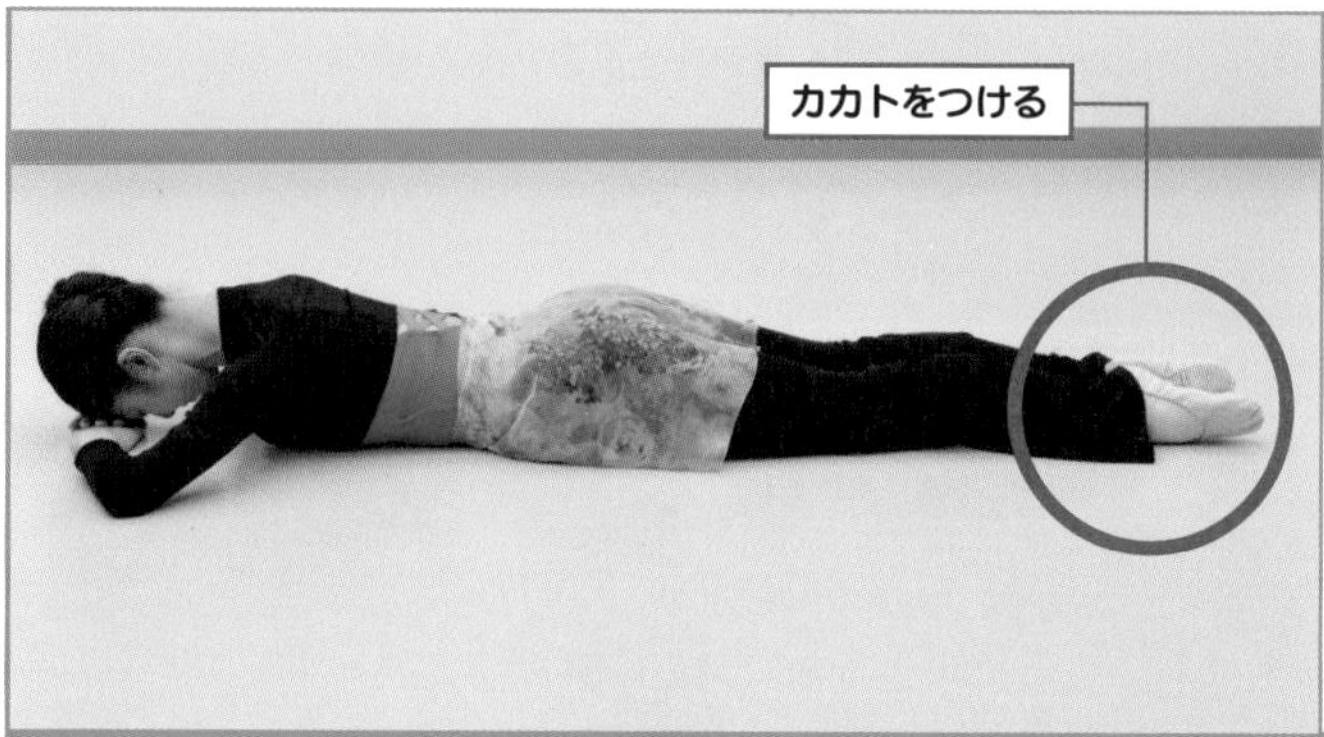

うつぶせになり、両足のカカトをつける。

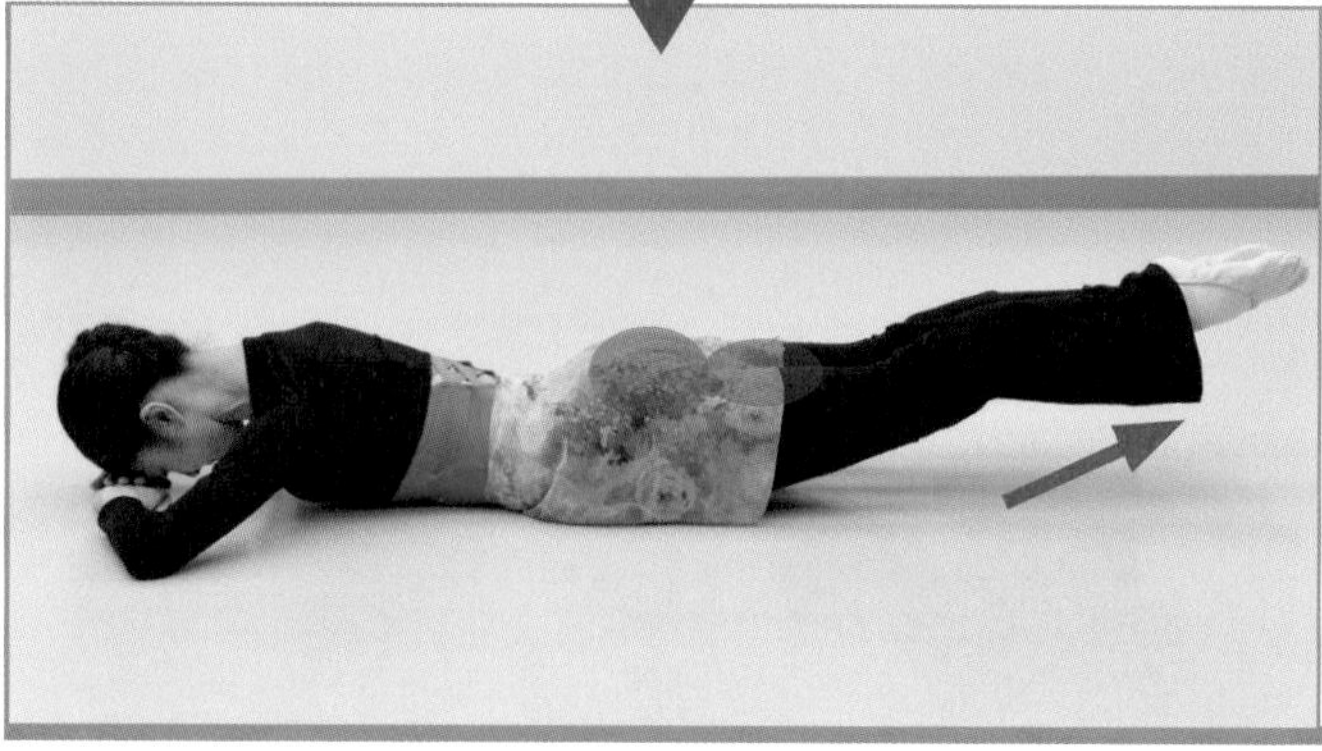

そのままの姿勢で、両足をナナメ上に向かってあげる。

足を遠くに伸ばしお尻に負荷を

バレエを踊りたいと思う人は、誰もがポアント（トウ・シューズ）に憧れることでしょう。

しかし、ポアントはバレエを始めてすぐに履けるわけではありません。ポアントを履いても美しく踊れる体を作ることが先になります。充分に訓練されていない体でポアントを履くのは、ケガや故障の原因になります。必ず、お教室の先生の許可を得てはきましょう。

ここで紹介する筋トレは、お尻と裏モモの筋肉のトレーニングですが、ポアントを履いて踊るためにも重要な筋肉です。また、アン・ドゥオールやアラベスクに必要な筋肉も鍛えられます。ヒップアップ効果もあるので、毎日少しずつ行いましょう。

part 6

マイムを覚えてより楽しみましょう

マイムとは、踊りの中に出てくる動きで表現する「言葉」。
これを知っているだけで、作品への理解度がより深まります。
実際に、全幕ものを演じる機会はなくとも、鑑賞にも役立つ知識です。

POINT 43

頭の上で手を回して誘う

「踊りましょう」

「踊りましょう」と誘う動きは、頭の上で手を回す動きです。作品の中にもよく見られる、有名なマイムの一つです。

CHECK POINT

①頭上で手をクルクルと回転させる
②指先まできれいに伸ばす
③気持ちを込める

頭の上で手を回し踊りに誘おう

マイムとは、バレエの踊りの中で身振りや表情を使って、感情やセリフを表現することをいいます。

古典作品にはストーリーがあり、登場人物の気持ちや状況をわかりやすくするために、マイムがよく用いられます。

次のページで紹介する「踊りましょう」というマイムは、非常に多くの作品で見られるマイムの一つです。「くるみ割り人形」の第一幕、クリスマスパーティーのシーンや第二幕のお菓子の精たちによる宴のシーンでは、この「踊りましょう」といったマイムを合図に、踊りが始まり、ます。また、「私が踊ります」というマイムは、自分を指差してからここで紹介するマイムを行います。

CHECK POINT ①
頭上で手を回転

両手を頭上にあげる。指先までしっかりと伸ばして、顔は誘う相手に向ける。

CHECK POINT ②
指先まで伸ばす

両手を、前方向にクルクルと回転させる。顔を隠さないよう、なるべく高い位置で行おう。

CHECK POINT ③
手を広げる

何度か回転させたあと、腕をパッと開き、写真のように広げる。音に合わせて優雅に動こう。

くるみ割り人形

初演：1892年
音楽：チャイコフスキー

クリスマスの風物詩ともいえる、少女の夢を描く作品。

クリスマスの日。クララの家ではパーティーが開かれ、たくさんのお客さんがやってくる。魔術師のドロッセルマイヤーもやってきて、子供たちにプレゼントを渡す。クララは、奇妙な顔をしたくるみ割り人形をもらい、友達にはやし立てられながらも大喜びする。

やがてパーティーは終わり、クララは眠りにつく。真夜中、クララがそっと起き出すと、クリスマスツリーが大木になり、おもちゃが動きだし、ねずみの王様率いるねずみたちとくるみ割り人形率いるおもちゃの兵隊たちが戦い始める。クララが兵隊に加勢すると、ねずみたちは退却した。そして、倒れていたくるみ割り人形をクララが抱き起こすと、美しい王子様に変身し、クララを「お菓子の国」へ連れて行ってくれるという。二人はこうしてお菓子の国へ旅立って行った。

お菓子の国では、住人たちによる歓迎の舞いが踊られ、クララも踊りに加わった。

楽しい時間はあっという間に過ぎ、気がつくと次の日の朝だった。目覚めたクララは、自宅のクリスマスツリーの前にいたのだった…。

幻想的なストーリーと耳慣れた音楽で子供にも人気の作品。「お菓子の国」の踊りは、様々なキャラクターダンスが次々と披露され、楽しく、華やかな印象を与える。

POINT 44

（私はあなたを）「愛しています」

胸に手をあて心を込める

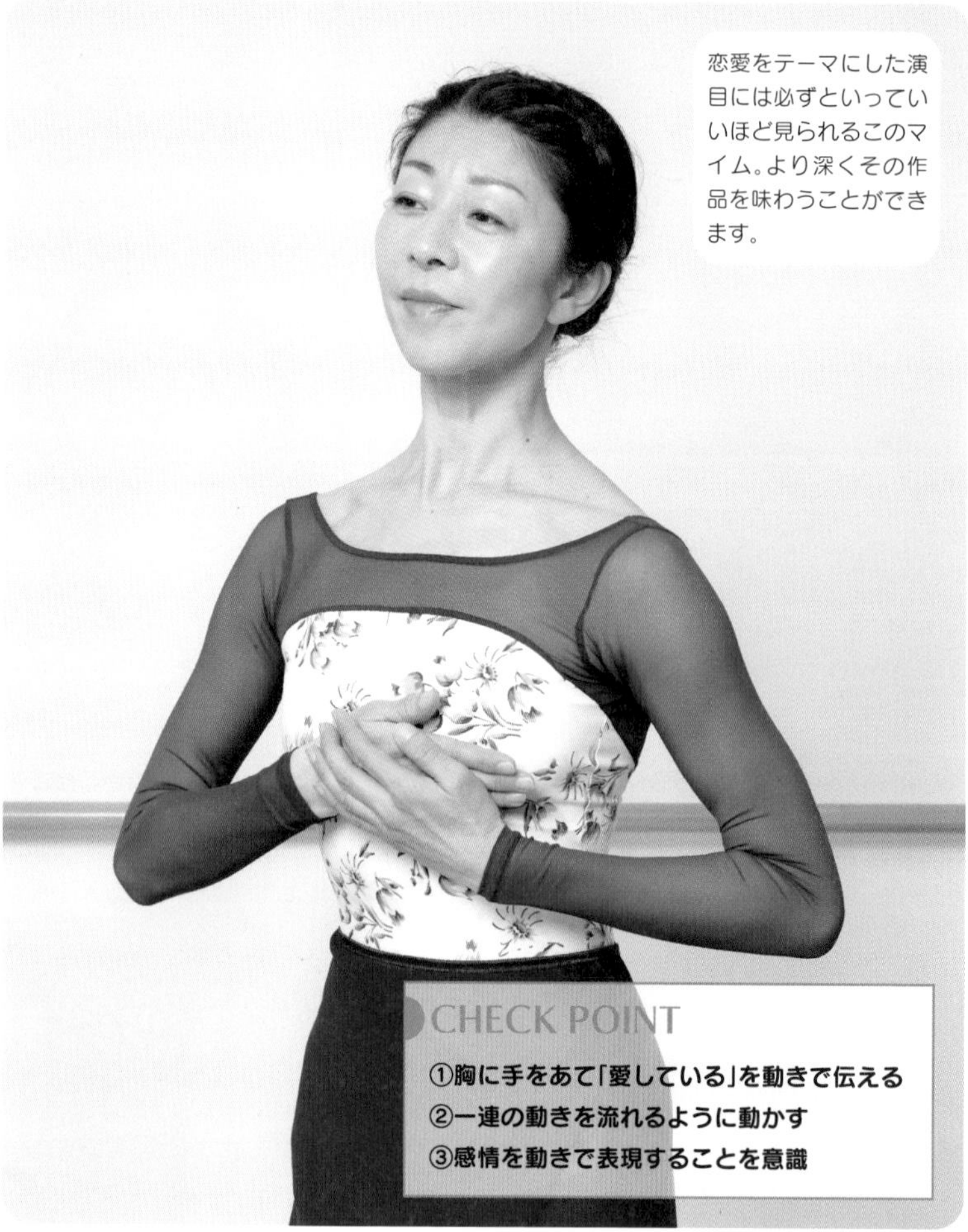

恋愛をテーマにした演目には必ずといっていいほど見られるこのマイム。より深くその作品を味わうことができます。

CHECK POINT

①胸に手をあて「愛している」を動きで伝える
②一連の動きを流れるように動かす
③感情を動きで表現することを意識

感情を顔と動きに表すこと

バレエの演目では、「恋愛」に主眼を当てたものも多く見られます。例えば、「白鳥の湖」も白鳥オデットとジークフリート王子の恋愛から話が進みます。

そんな恋愛にまつわる演目で出てくるマイムに「愛しています」という愛を誓うシーンが多く見られます。

マイムにおいて大切なことは、その感情をいかに動きで見せるかということ。流れるように美しく動き表します。

また、バレエ鑑賞においても、これら有名なマイムを知っていると、より楽しむことができます。卓越した技術を誇るバレリーナたちの踊りは、それだけでも素晴らしいものですが、さらにストーリーを知り、何を表現しているのかを理解すれば、より深く作品の世界に触れることができます。

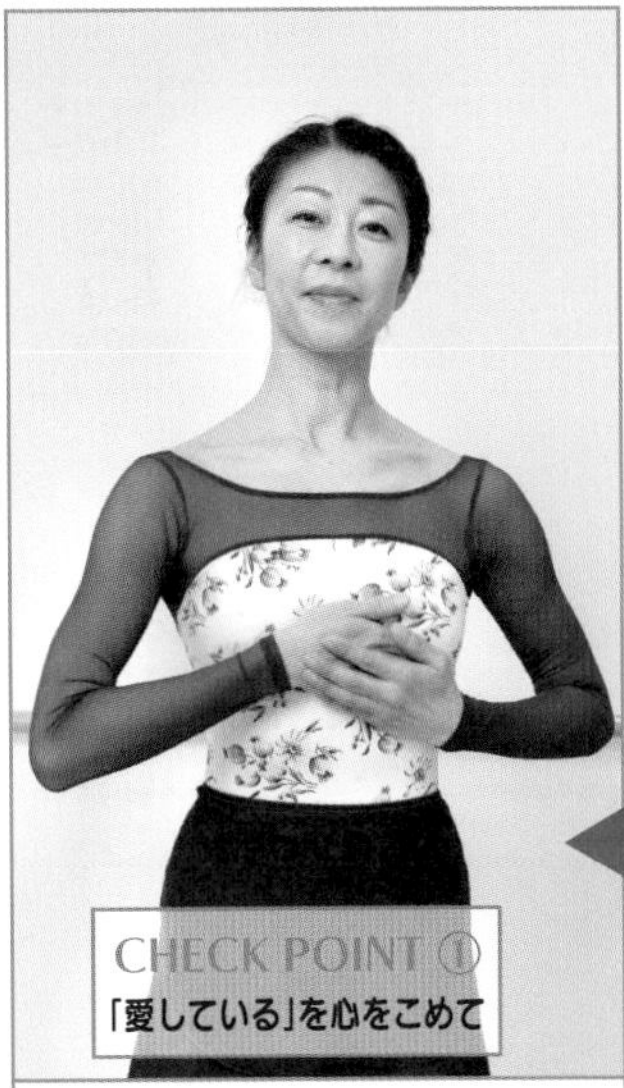

CHECK POINT ①
「愛している」を心をこめて

両手を左胸の前で重ねる。目線も少し変えると、動きとしても美しくなる。

CHECK POINT ②～③
流れるように動き、感情をつける

相手に向かって、手のひらを上にして腕を差し出す。「あなたを」表す動き。

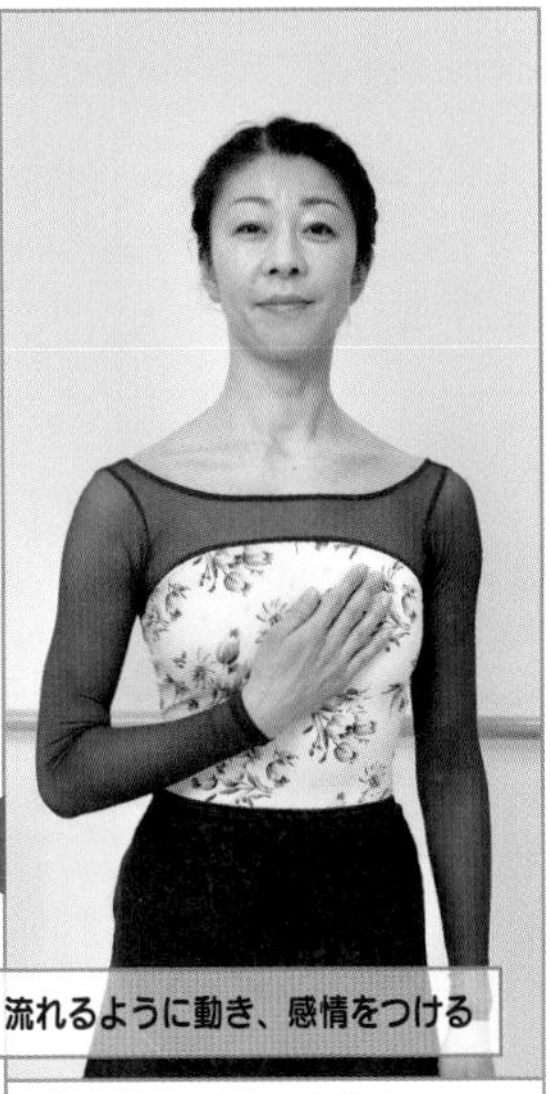

右手で自分の胸を指す。この動きで「わたしは」という意味を表す。

白鳥の湖

初演：1895年
音楽：チャイコフスキー

バレエの演目でもっとも有名といっても過言ではない、「白鳥の湖」。

　王子ジークフリートは、成人式の祝いの席で、王妃から結婚相手を選ぶようにいわれる。しかし、まだ恋もしていない王子は、気が進まず、逃げ出すように森へと狩りに出かけた。

　森の中の湖で、美しい娘オデットに出会うのだった。彼女は、悪魔ロッドバルドに魔法をかけられ、昼間は白鳥の姿に、夜だけ人間の姿に戻れるのであった。最初は怯えていたオデットも次第に心を開き、二人は惹かれあい、王子は、愛を誓うのだった。

　オデットは、男性から真の愛を捧げられることで、人間に戻ることができる。突然のことに驚きながらも、オデットは王子を信じたのだった。

　次の日、舞踏会が開かれた。王子は、花嫁候補の娘たちと踊るが、どうしてもオデットのことが忘れられない。そこへ、怪しげな貴族とその娘のオディールが、オデットそっくりの姿で登場する。オディールは激しく、妖しげな踊りで王子を誘い、王子は結婚を誓ってしまうのだった。

　湖のほとりには、絶望したオデットが…。彼女は舞踏会に出かけ、王子の裏切りを知ってしまったのだった。王子は許しを乞いにやって来たが、オデットが人間に戻れる望みは絶たれてしまった。悲しみに打ちひしがれたオデットは、湖に身を投げたのだった。

POINT 45

右手の甲で顔をなでる

（あなたは）「美しい」

続いて、そのまま右頬を通って、頭上近くまで動かす。顔をなでるようなイメージ。

そのまま、甲が顔の輪郭に沿って動くような感じで、アゴまで持ってくる。

右手の甲を左頬の横に出す。指先まで優雅に動かすことを意識しよう。

横から

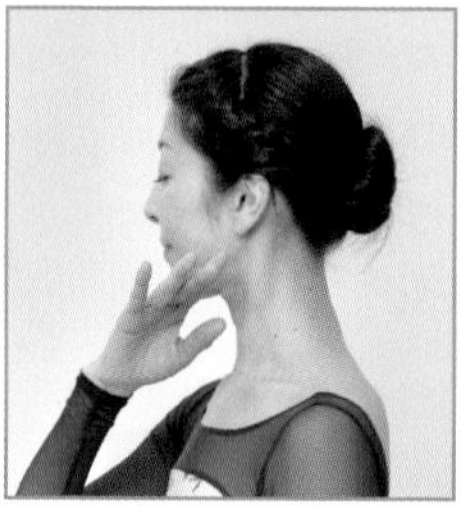

顔をなでるように、手をやわらかく、優雅に動かしていく。

CHECK POINT

①顔をなでるように、右手の甲を動かす
②左頬からアゴ、右頬へと動かす
③伝える相手を見て行う

右手の甲で顔をぐるりとなでる

美女が登場するシーンでよく見られるマイムに、「美しい」と褒めたたえるものがあります。男性が女性に向けて行うのが一般的です。マイムは複雑なストーリーを説明する場面に多く見られますが、このマイムのようにちょっとした一言を表すものも多くあります。

例えば、拳を握った両手をお腹の前辺りで交差させる「呪う」。立てた右手を額に当てて、左から右へ動かす「女王」を表すマイムなど。

パとパの間に行われるこれらに気をつけて、演目を再度見直してみれば、新たな発見がいっぱいで、さらにバレエの楽しみが深まるでしょう。また、わからないマイムが何を伝えているのか。それを考えるのも楽しいかもしれません。

POINT 46

「結婚を誓います」

左手薬指を指し、そのまま上へ

横から
男性と一緒にこのマイムを行うこともあるので、その場合には向く方向を揃えよう。

右手の人差し指と中指をそろえ、ナナメ上へ向ける。目線も一緒に動かす。

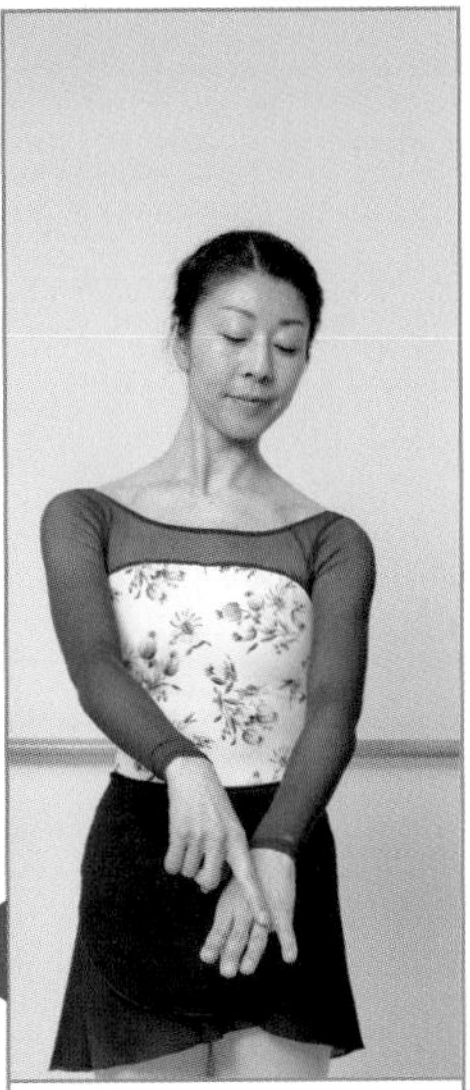

左手の薬指を右手の人差し指で指す。顔はうつむくように、左手を見る。

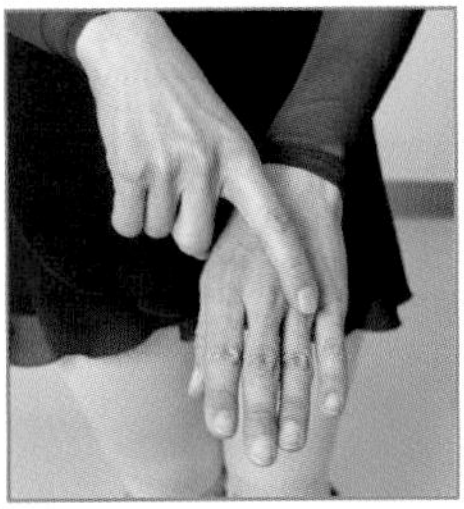

アップ
左手の薬指を指すのが、「結婚」を意味するマイム。

CHECK POINT

①左手薬指を指し、ナナメ上へ動かす
②優雅に心を込めて動かす
③顔も手と一緒に動かす

薬指からナナメ上へ心を込めて動かす

「白鳥の湖」「眠れる森の美女」など、結婚式のシーンはバレエでは多く見られます。そのプロポーズのシーンで使われるマイムがこれです。永遠の愛を誓う、美しい動きは必見です。

「白鳥の湖」の第三幕で王子はオデットそっくりのオディールとグラン・パ・ド・ドゥを踊ります。その後、ロッドバルドに「結婚を誓うか？」と聞かれた王子は、このマイムで「結婚を誓います」と宣言してしまうのです。

ここで紹介した以外にも多くのマイムが様々な演目で登場します。例えば、「眠れる森の美女」の第一幕に出てくる「リラの精」のマイムも有名です。

ぜひ、それらにも着目して作品を楽しみ、また踊る楽しみを再発見しましょう。

CHECK POINT

①舞台用語、専門用語を覚えて理解を深めよう
②知っていると舞台観賞もさらに楽しめる
③レッスンの上達を早める用語を覚える

POINT 47

用語を覚えてさらに理解を深める

用語を覚えれば理解が深まる

バレエは、専門用語や独特な言い回しが多い世界です。そこで、ここでは舞台やレッスンで使われる用語を中心に意味を説明します。

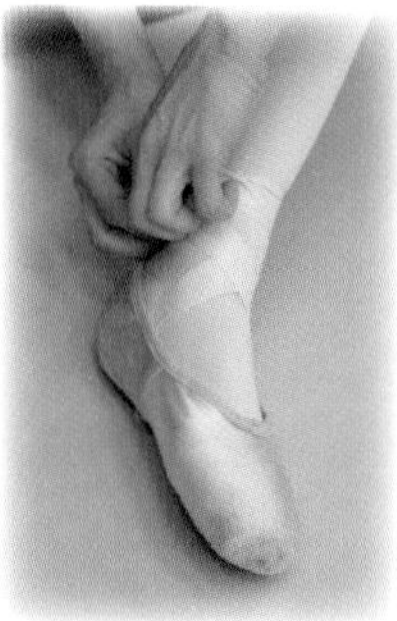

アダージオ／アダージュ……ゆったりとした音楽に合わせて踊ること。足をあげたり、ルルヴェを保ったりと、「キープ」する力やバランス能力を高めるためにおこなわれる。または、男女がペアで踊ることを指す場合もある。

アレグロ……小さめなジャンプ（シャンジュマンやアッサンブレ）などを取り入れた、テンポの早い踊り。

アンシェヌマン……パを組み合わせた一連の動きを指す。

グランジャンプ……大きなジャンプ（グラン・ジュテやグラン・パ・ド・シャなど）を取り入れた、躍動感のある踊り。

グラン・パ・ド・ドゥ……古典バレエの作品で男女がペアで踊る形式の踊りを指す。ゆったりとした曲でペアで踊る「アダージオ」、続いてそれぞれがソロで踊る「ヴァリエーション」、最後に2人で華やかに踊る「コーダ」で構成される。

チュチュ……女性用の舞台衣装のこと。大きくわけて2種類あり、「クラシック・チュチュ」と呼ばれるものは、丈が短く、円盤状に張った形をしている。「白鳥の湖」のオデット（オディール）、「眠れる森の美女」のオーロラなどが着用することが多い。もう1種類は、「ロマンティック・チュチュ」と呼ばれ、スカート丈が長く、ふんわりとしている。「ジゼル」などで多用される。

パ……ステップと同義語。バレエの動きの総称を指す。

リンバリング……ストレッチのこと。柔軟性を身につけるために、足をバーにかけて体を倒したり、足を手でもちあげたりする。

part 7

体をやわらかく保ちましょう

大人からレッスンを始めた人は特に、やわらかい体作りには四苦八苦しているのではないでしょうか。
効果的な柔軟運動やストレッチを紹介します。
毎日続け、踊るために必要な柔軟性を身につけましょう。

POINT 48

背骨の骨を一個ずつ積みあげるように起きあがる

もっとも基本的な柔軟運動である、前屈から始めましょう。大きく息を吐きながら行います。

CHECK POINT
①腰から背骨を一個ずつ積みあげるように起きあがる
②足は無理に伸ばさない
③呼吸は止めず、ゆっくりと吐きながら行う

前屈したら腰から起きる

しなやかな動きと優雅な手足の使い方が特徴のバレエでは、体の柔軟性はつねに高めておきたいものです。足をあげる動き一つとっても、体が硬いと余計な力が入りやすくなります。

そこで、日々のストレッチが非常に重要となってきます。年齢を重ねるごとに体は硬くなっていきます。柔軟性を保つためにも、無理のない範囲で、毎日のストレッチ、柔軟運動を心がけましょう。

ここでは、まず前屈を行います。前屈は、もちろん上体を前に倒す動きです。足に胸がぺったりとつけるようになりたいものです。毎日少しずつでもより深く倒せるよう努力しましょう。

CHECK POINT ①

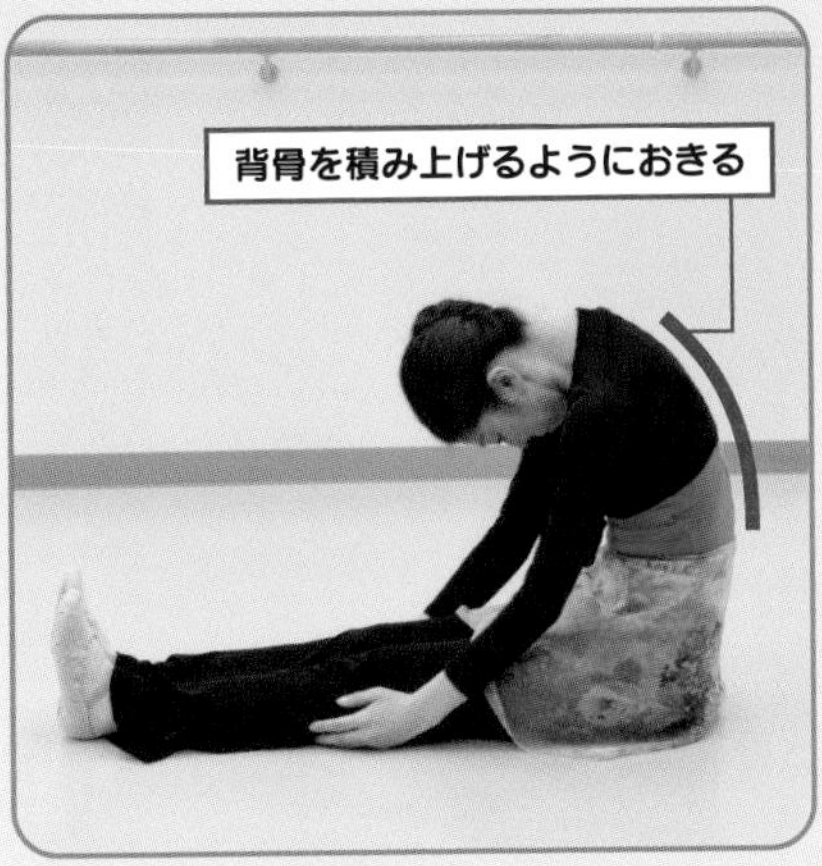
背骨を積み上げるようにおきる

ポールドブラの要領でゆっくり起きあがる

レッスン8のポールドブラと同じ要領で、背骨を下から一個ずつ積みあげるイメージで、ゆっくりと起きあがること。腰、背中、頭の順番で起きあがるのが良い。

CHECK POINT ②

足は無理に伸ばさない

柔軟性があまりないうちは、ヒザが多少緩んでしまっても良い。余計な力を入れずに、モモ裏を伸ばすのがポイント。慣れてきたらヒザも伸ばし、足首をしっかりフレックスにする。

足を前に出して座り、足首を曲げてフレックスに。腕は頭上にあげて、大きく息を吸う。

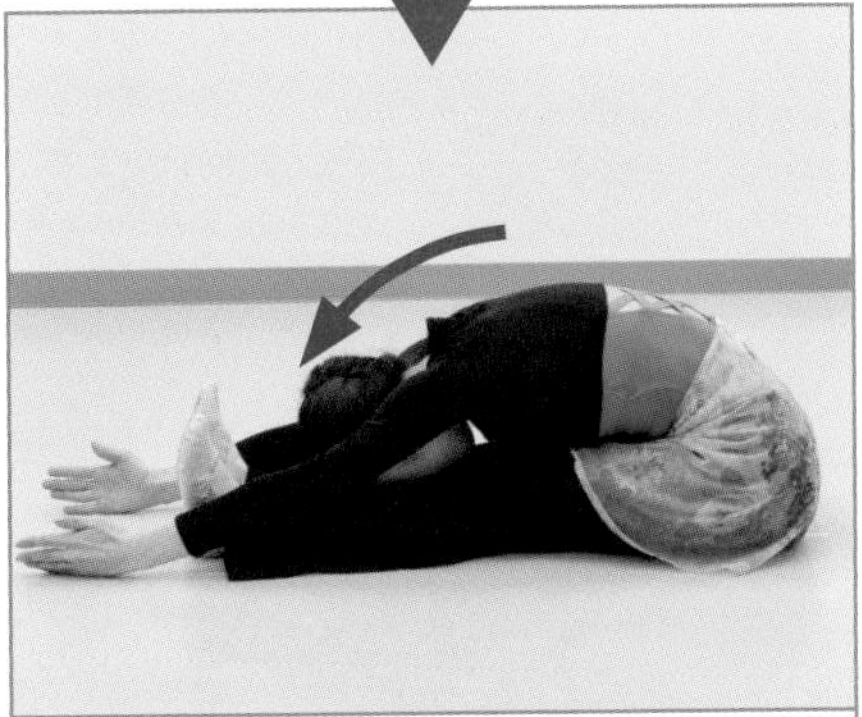

息を吐き出しながら、ゆっくりとできるだけ遠くへ前に倒す。腕に力はいれない。

CHECK POINT ③ **呼吸は止めない**

腰から背中、頭という順番でゆっくりと起きあがる。ポールドブラ(レッスン8)を思い出して。

POINT 49

ストレッチ法②

股関節をしっかりと開き柔軟性を高める

あぐらの姿勢で前屈し股関節に柔軟性を

足をアン・ドゥオールするためには、股関節の柔軟性も大切になります。

股関節は、意識してストレッチや柔軟運動を定期的にしなければなかなか柔軟性が増しません。

この運動は、日常的にはあまり使わない動きですが、ストレッチでしっかりと股関節の可動域を広げましょう。

ストレッチは、しっかりと呼吸をし、筋肉をかためずに、心地よい痛みを感じる程度に行いましょう。

痛いのをガマンして、無理矢理伸ばせば、スジを痛めることにもなりかねません。

毎日、続けて行うことで、少しずつでも柔軟性は増すため、続けることにこそ意味があるのです。

両足の裏をつけて座る。背スジはしっかり伸ばし、手は自然におろす。

そのままの姿勢で、息を吐きながら前屈する。ヒザがあがってこないように注意。

腰からゆっくりと起きあがる。背骨を積み重ねていくイメージで起きること。

正面から

両足裏をつけてあぐらに。

CHECK POINT

①股関節を開き、柔軟性をあげる
②前屈前に息を吸い、ゆっくりと吐き出しながら前屈
③背骨を積みあげるように、腰から起きあがる

POINT 50

ストレッチ法③

お尻を浮かさず、ワキをしっかり伸ばす

お尻が浮かないよう注意ゆっくりと倒す

片足を曲げて開脚して、横に倒す動きです。倒した側と反対側のお尻が浮かないように気をつけましょう。

柔らかい人は、両足を開脚して行います。

また、足をフレックスにして行う場合のほかにも、足をツマ先まで伸ばして行うこともあります。

開脚を伴う柔軟運動には、ほかにも前後に開脚する柔軟運動もあります。これも足を前後に大きく開くためには大切な運動です。骨盤が倒れ、お尻が後ろに逃げないように、しっかりと開脚することが大切です。

こういった柔軟運動やストレッチは、お風呂あがりなど体が温まっている時に行うのが良いとされます。また、レッスン前に時間がある場合には、準備運動もかねて行うのがよいでしょう。

右足を横に開き、フレックスにする。左足は曲げる。腕は、ア・ラ・スゴンド。

右腕を体の前に入れ、左腕をあげたときに上半身をしっかり伸ばす。体を右足側に倒す。

左腕で右足のツマ先を掴めるくらい、体を倒す。息は止めずに、ゆっくりと吐き出すこと

ランクアップ

柔軟性のある人は開脚して。

CHECK POINT

① お尻を浮かせない
② 足だけでなく、ワキもストレッチ
③やわらかい人は、両足を開脚する

おわりに

まず、この本を監修する機会を与えて頂いたことに感謝致します。自分のそばに当たり前のように存在するバレエと改めて向き合うきっかけになりました。

５歳からバレエを始め、たくさんの先生方や友人、生徒に出会い、バレエを通してたくさんのことを学び、そして全てを忘れてバレエに没頭することで救われたときもありました。ほんとうにバレエに出会えて良かったなぁと感じています。

この本の中では、基礎から丁寧に見直し、ステップアップするための項目を紹介しました。しかし、バレエ上達のために必要なことはこれだけではありません。日々のストレッチや筋力トレーニング、レッスン中の先生方のアドバイスも大きな助けになります。自分なりの近道を見つけて下さい。

そして、バレエが気分転換、運動不足解消、自分へのご褒美など、どういう形でも構いません。みなさんにとってかけがえのないものになってくれたら嬉しいです。

私もみなさんの情熱に負けないよう、日々前進していこうと思います。

厚木彩

モデル ● 厚木彩

撮影協力 ● スタジオA　厚木明枝バレエ教室
東京都大田区山王3−24−20
電話：070-7521-5818

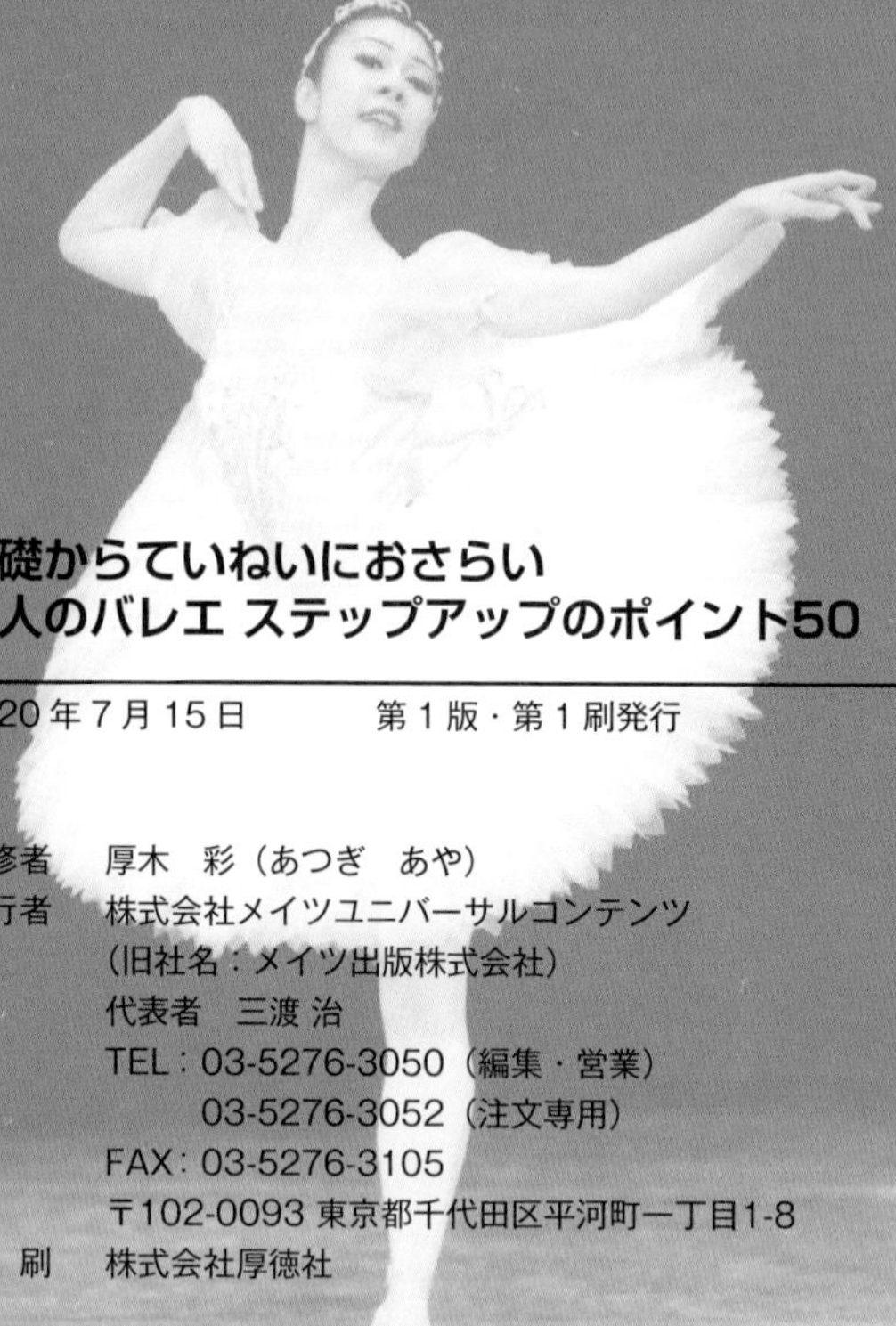

- 監修　厚木彩
- 撮影協力　スタジオＡ厚木明枝バレエ教室
- 舞台写真　スタッフ テス　株式会社
- モデル　厚木彩
- カメラ　鈴木美也子／柳 太
- デザイン　増田ひさ子
- 編集　株式会社ギグ
- 執筆協力　山口真実
- 衣裳協力　株式会社stina

基礎からていねいにおさらい
大人のバレエ ステップアップのポイント50

2020年7月15日　第1版・第1刷発行

監修者　厚木　彩（あつぎ　あや）
発行者　株式会社メイツユニバーサルコンテンツ
（旧社名：メイツ出版株式会社）
代表者　三渡 治
TEL：03-5276-3050（編集・営業）
03-5276-3052（注文専用）
FAX：03-5276-3105
〒102-0093 東京都千代田区平河町一丁目1-8
印　刷　株式会社厚徳社

●定価はカバーに表示してあります。
©ギグ,2011, 2020.ISBN978-4-7804-2364-8 C2073 Printed in Japan.

ご意見・ご感想はホームページから承っております
ウェブサイト　https://www.mates-publishing.co.jp/

編集長：折居かおる　副編集長：堀明研斗　企画担当：大羽孝志／清岡香奈

※本書は2011年発行の『華麗に魅せる！大人のバレエ ステップアップのポイント50』を元に加筆・修正を行っています。